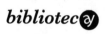

A VOZ DA EDUCAÇÃO LIBERAL

Título original *The Voice of liberal learning*
© Copyright © 1989 by Yale University
Originally published by Yale University Press
© Editora Âyiné, 2021
Todos os direitos reservados

Edição Timothy Fuller

Tradução Rogerio W. Galindo e Rosiane Correia de Freitas

Preparação Juliana Amato

Revisão Ana Martini

Imagem da capa Julia Geiser

Projeto gráfico Renata de Oliveira Sampaio

ISBN: 978-65-86683-49-3

Editora Âyiné
Belo Horizonte · Veneza

Direção editorial Pedro Fonseca

Assistência editorial Érika Nogueira Vieira, Luísa Rabello

Produção editorial André Bezamat, Rita Davis

Conselho editorial Simone Cristoforetti, Zuane Fabbris

....

Praça Carlos Chagas, 49 – 2º andar
30170-140 Belo Horizonte – MG
+55 31 3291-4164
www.ayine.com.br
info@ayine.com.br

A voz da educação liberal
Michael Oakeshott

Editado por Timothy Fuller

*Tradução de Rogerio W. Galindo
e Rosiane Correia de Freitas*

7	Introdução
37	Um lugar de aprendizado
83	Ensino e aprendizado
121	Educação: a atividade e sua frustração
179	A ideia de uma universidade
197	As universidades
253	Educação política
295	Agradecimentos

Introdução

Timothy Fuller

Uma compreensão filosófica da educação

Quem conhece Michael Oakeshott vai insistir que antes de mais nada ele é principalmente um grande professor. Por outro lado, ele sempre se viu acima de tudo como aprendiz. Seus dias de estudante, ele irá contar, foram os mais felizes de sua vida. E foi essa experiência inesquecível como estudante que fez com que ele se tornasse professor, e o tipo de professor que foi: um conferencista e crítico do trabalho de seus alunos — como não poderia deixar de ser —, mas mais confortável no diálogo e nas trocas em seminários e salas de aula; era mais um guia do que um instrutor, mais um companheiro de viagem do que um líder.

Filosoficamente tão disposto a refletir sobre o que estava fazendo quanto a fazê-lo, não é surpresa que ele pensasse frequentemente sobre o que está envolvido no ensino e no aprendizado e que, de tempos em tempos, tenha publicado essas reflexões. Na maior parte das vezes, ele escreveu sobre esses temas para ocasiões específicas, e esses textos foram publicados localmente, encontrando-se atualmente fora de catálogo. O objetivo aqui é republicar os mais importantes desses textos, com a crença de que aquilo que surgiu devido a situações específicas tem mais do que um valor pontual para aqueles que estão comprometidos com a educação liberal.

O modo como o ensino e o aprendizado são caracterizados nesses ensaios tem como origem e pressuposto a compreensão filosófica da experiência humana que Oakeshott explorou em seu primeiro grande trabalho, *Experience and its Modes* (1933), e que foi elaborado na primeira parte de *On Human Conduct* (1975).

A busca por identificar as características distintivas das atividades humanas sempre foi central em suas investigações filosóficas. Ele é mais conhecido por expor as principais características da vida política, por elaborar seu ideal de associação civil, por seu trabalho sobre a natureza da atividade do historiador e sobre a ideia de Estado de Direito. Os ensaios reunidos aqui devem revelar que a procura por características distintivas do ensino e do aprendizado é inseparável de seu trabalho como um todo.[1]

---

1 Oakeshott é bem conhecido nos círculos acadêmicos e intelectuais por sua introdução notável para *O Leviatã* de Hobbes (1946), por *Experience and its Modes* (1933), *Rationalism in Politics* (1962), *On Human Conduct* (1975), e *On History* (1983). No entanto, à exceção de dois ensaios incluídos em *Rationalism in Politics*, «Political Education» e «The Study of Politics in a University», suas reflexões sobre educação não ganharam ainda circulação mais ampla. Para uma informação biográfica mais completa, os leitores devem consultar *Politics and Experience, Essays Presented to Michael Oakeshott*, editado por Preston King e B. C. Parekh

Os ensaios de Oakeshott evocam os fugidios atributos inerentes às boas práticas do ensino e do aprendizado sem obscurecer a grande variabilidade nas maneiras de ensinar que desafiam as generalizações. Os esforços contemporâneos para simplificar o ensino transformando-o num conjunto de funções técnicas, para torná-lo «à prova de erro», são um equívoco desastroso, ainda que bem intencionado, que ameaça destruir a possibilidade de aprendizado genuíno.

Tanto na Inglaterra como nos Estados Unidos há grandes debates sobre o futuro da educação em todos os níveis. É amplamente conhecido que há problemas significativos nos estabelecimentos educacionais, e propostas de reforma e revolução abundam. As opiniões vão desde a negação de que haja algo específico a ser aprendido à afirmação de que há uma lista curta de grandes livros aos quais professores e estudantes deveriam se limitar exclusivamente. Especialistas em educação arriscam formular listas de informações gerais tentando descrever «aquilo que todo estudante deveria saber». Programas para tornar a educação socialmente relevante se multiplicam. Discute-se apaixonadamente qual deve ser o lugar da civilização ocidental no currículo, como se uma civilização fosse algo que podemos simplesmente aceitar ou rejeitar, um objeto de investigação indiferente.

(Cambridge: Cambridge University Press, 1968), e Josiah Lee Auspitz, 'Bibliographical Note', *Political Theory*, vol. 4, nº 3, agosto de 1976, p. 295-300.

A educação liberal como Oakeshott compreende já foi confundida com, ou substituída por, «modificação de comportamento» nas mentes de muitos: educação sexual, educação para as drogas, esclarecimento de valores, estudos da paz, prevenção de suicídio («educação para a morte»), despertar de consciência e muitos outros assuntos que são célebres no momento.

Em tal pot-pourri não há julgamento claro sobre quais sejam as características distintivas do ensino e do aprendizado, nem do caráter do lugar onde essas atividades vêm acontecendo tradicionalmente. Propostas para reformas curriculares frequentemente não levam em consideração as práticas existentes às quais elas deverão se ajustar. Corremos o risco de esquecer que foi a percepção de suas qualidades especiais que inspirou o estabelecimento de lugares destinados especificamente ao aprendizado, e que justificaram seus privilégios especiais de ócio e discussão livre, na Europa e na América do Norte, nos últimos oito séculos.

Alega-se frequentemente que não há mais nenhuma base de concordância, à exceção talvez de características da técnica, para ajudar na análise de quais sejam os objetivos do ensino e do aprendizado. Acadêmicos sentem-se ou liberados a escolher dentre uma vasta gama de alternativas posta diante deles ou compelidos a fazer isso. Cada vez mais opções surgem não da mútua autoinvestigação daqueles que estão íntima e continuamente envolvidos na vida acadêmica — professores e pesquisadores —, mas daqueles desejam explorar os «recursos mentais» da academia, seja para aperfeiçoá-los, seja para sabotar políticas sociais vigentes, e que dão ou deixam de dar apoio financeiro à academia por esses motivos. Sob tais condições, ninguém se surpreenderá que as instituições educacionais, tanto na Inglaterra quanto nos Estados Unidos, estejam se confundindo com grupos de pressão procurando proteger seus próprios interesses.

Instituições acadêmicas hoje são pouco mais do que frágeis alianças entre empreendedores intelectuais, que aceitam de bom alvitre a intervenção de metas e «valores» estranhos a seu trabalho, e o dinheiro das fundações e dos financiamentos governamentais que os sustenta. Isso deve mudar a conversa entre os acadêmicos. Frequentemente, eles cooperam com olhos totalmente voltados para a proteção mútua, usando de uma indiferença deliberada, de seus interesses intelectuais distintos. Isso não é concordar em discordar, o que sempre foi essencial à vida acadêmica; é um acordo para ignorar um ao outro, e evitar análises que possam levá-los além de suas respectivas disciplinas.

Instituições acadêmicas, aparentemente, são em diferentes graus comunidades desintegradas de estudiosos. Continuam sendo locais fisicamente independentes destinados ao ensino e ao aprendizado, porém, entrar nelas já não garante o encontro com um autoconhecimento, por mais misterioso e complexo que isso possa parecer inicialmente, que gradualmente revela um modo distinto de agir e que realmente as torna essenciais e únicas. O que ficou obscurecido, se é que não se perdeu, é a *ideia* de uma escola, uma faculdade, uma universidade.

É importante enfatizar o perigo que essa perda representa. Muitos, erroneamente, pressupõem que falta um objetivo ou propósito organizador e estimulante para a educação. É uma característica de nosso tempo procurar propósitos ulteriores, e conceber programas para atingi-los, em vez de lembrar o que já aprendemos a fazer e tomar isso como guia. Uma vez que o mundo está sobrecarregado de propósitos e projetos, é uma tentação cada vez mais irresistível nos submetermos aos julgamentos inevitavelmente contraditórios do mundo.

Contudo, para Michael Oakeshott, a ideia de uma atividade está necessária e inevitavelmente entrelaçada a uma contínua prática dessa atividade, e é da atividade que a ideia surge. Se não achamos fácil selecionar as particularidades do ensino e do aprendizado, em parte é porque não temos hoje uma experiência que nos dê clareza sobre elas.

Somos extremamente tentados a concentrar nossa atenção nas técnicas em vez de darmos atenção às qualidades inerentes àqueles que dominam a tal ponto um tema que, sem se apegar a técnicas abstratas, talvez sem nem mesmo ter algum dia tentado conceituar técnicas separadas da prática de uma ação, surgem diante de nós como mestres cujo exemplo podemos imitar como aprendizes, absorvendo a ideia e a prática num todo harmonioso.

De maneira incomparável, as reflexões de Oakeshott sobre o ensino e o aprendizado tratam exatamente dessas particularidades negligenciadas. Ele não oferece nenhuma lista de itens que toda pessoa educada deve saber. Listas limitam o espírito de aventura de navegar por um mar intelectual não cartografado, obscurecendo o fato de que alguém é educado não apenas pelo que sabe, mas muito mais pela maneira como aprende.

Essa última afirmação nos faz correr o risco de confundir a ênfase na maneira de aprender com a ênfase dada por Dewey às habilidades e a subsequente falta de ênfase no conteúdo do aprendizado. Para Oakeshott, entretanto, o objetivo é dar início a um relacionamento de «conversa» moldado pela familiaridade com as tradições literárias, filosóficas, artísticas e científicas da civilização europeia. Para ele, não há distinção plausível entre «essência» e «acidente»; e, portanto, nenhum aprendizado verdadeiro que separe o «como» do «quê» saber. Portanto, tentar corrigir as últimas gerações de treinos em habilidades abstratas criando um grande debate sobre listas de livros a serem inseridos no currículo é perpetuar uma dicotomia (já evidente nos debates internos dos corpos docentes) que não é civilizatória, um conflito divisivo não mediado pela intimidade com uma tradição abrangente dentro do qual se pode viver e se mover, mantendo habilidade e conhecimento juntos numa unidade natural, empírica.

E. D. Hirsch, em *Cultural Literacy*, exemplifica essa dificuldade ao continuar defendendo as aspirações de Dewey a uma alfabetização universal e democrática ao mesmo tempo em que rejeita a ênfase exclusiva nas habilidades que vê em Dewey e Rousseau.² Ele se vê compelido a utilizar os grandes livros como recursos para criar a «alfabetização cultural», uma habilidade para reconhecer o uso de alusões literárias na escrita contemporânea que fica a meio caminho entre uma alfabetização meramente funcional e o conhecimento especializado de qualquer assunto. Tal habilidade, Hirsch argumenta, facilitará o caminho da pessoa ao longo da vida, e pode também servir para criar um corpo discursivo comum aos diversos grupos que as sociedades modernas devem abranger. Por mais louvável que possa ser a ênfase em redescobrir grandes livros e suas expressões memoráveis, Hirsch se libertou pouco da orientação técnica.³

---

2 E. D. Hirsch, Jr., *Cultural Literacy: What Every American Needs to Know*. Boston: Houghton-Mifflin, 1987.

3 Falando da necessidade de alfabetização cultural numa sociedade moderna, tecnológica, Hirsch escreve: «Os empreendimentos complexos da vida moderna dependem da cooperação entre muitas pessoas com diferentes especialidades em diferentes lugares. Onde a comunicação falha, também falham os empreendimentos. (Essa é a moral da história da Torre de Babel)». *Cultural Literacy*, p. 2. Hirsch converte a história da Torre de Babel em uma parábola para criar uma unidade global através de uma iniciativa tecnológica que requer uma forma universal de alfabetização (habilidade de comunicação). Alguém pode interpretar a história como um alerta contra tais pretensões. A alfabetização cultural aqui significa habilidade para

A educação contemporânea sofre grande pressão para distinguir formalidade e civilidade — as regras gerais de «conversação» — de técnicas manipulativas, gerenciais desenvolvidas para atingir metas de aparente especificidade como uma «alfabetização cultural». O projeto é atrelar a técnica a um conjunto de artefatos culturais, usando como justificativa a referência a uma certa concepção de aperfeiçoamento social. Aqui vemos as premissas sobre as quais grande parte da defesa contemporânea da «educação geral» se assenta. Hirsch sem dúvida espera que os estudantes descubram, no processo, a experiência do aprendizado como um fim em si mesmo, mas essa justificativa está expressa em termos práticos de sucesso. Essa abordagem se faz particularmente proveitosa para formulações retóricas poderosas das agências governamentais, que promovem a perspectiva de resolver os «problemas» educacionais por meio de «políticas educacionais».

Para Oakeshott, o diálogo da educação liberal é erroneamente caracterizado quando posto em termos de «progresso» ou de programas políticos e políticas públicas. E ele também não pensa que o diálogo real pode ser «geral». Educação «geral» é uma noção desenvolvida em resposta à educação «especializada» ou vocacional, e é comum que seja compreendida

---

empregar uma história do passado para um propósito presente em desacordo com um ponto moral original. Isso talvez ilustre algo sobre «alfabetização cultural» que deveria nos preocupar.

implicitamente como um adorno acrescido ao treinamento prático. O defeito do termo está no fato de que é gerado em reação a tendências dominantes de uma cultura propensa a se expressar em termos de «pragmatismo», «utilidade», «tecnologia», «design social» e «política pública». É comum agora, por exemplo, nas faculdades e universidades americanas, falar em «especialidades não científicas» quando se está fazendo referência a estudantes de humanidades. Em lugar algum alguém irá ouvir que estudantes de ciência são «especialistas não humanistas». Esse coloquialismo é sintomático de uma barreira cultural à educação liberal, que não é nem «geral», nem «especializada», no sentido de «vocacional» ou «profissional».

Nos ensaios a seguir, Oakeshott invoca a ideia de educação liberal, oferecendo um reparo àqueles que, tendo dificuldade para delimitar rapidamente a finalidade da educação, desejam acalmar seus receios a respeito de sua relevância.

Se a reflexão filosófica sobre educação for reduzida a argumentos apenas sobre quais livros ou conceitos devem ser ensinados, vamos continuar no impasse entre confusão e dogma. É característico hoje em dia ficarmos em tal situação, seja em educação, em política, e em toda atividade importante.

Oakeshott, procurando contornar esses impasses sempre que os encontra, descreve uma visão alternativa que pode nos ajudar a passar entre a anarquia, de um lado, e a imposição de falsas doutrinas de salvação, de outro. Por isso a metáfora da conversa é tão central às suas ideias de filosofia e de educação. Para compreender isso, precisamos examinar os contornos gerais de seu pensamento em relação às suas reflexões educacionais.

2

Em *Experience and its Modes*, Oakeshott defende a união radical entre experiência humana e pensamento.[4] Ele considera enganadora toda distinção dualista permanente, tais como imanente-transcendente, temporal-eterno, experiência mediada-imediata; todo esforço para postular a experiência como algo que não pertença ao pensamento.[5] Nosso mundo, ele afirma, é o que entendemos que é; um «mundo» emana da reflexão humana e é, portanto, um mundo de ideias. Nascemos e crescemos num mundo de ideias já estabelecidas e compreendidas de várias formas

---

4 *Experience and its Modes* (Cambridge: Cambridge University Press, 1933). « [...] experiência é um todo, no qual modificações podem ser diferenciadas, mas que não admite nenhuma divisão final ou absoluta; e a experiência em todo lugar não apenas é inseparável do pensamento, como é ela mesma uma forma de pensamento», p. 10.

5 «É, de fato, sem sentido falar da realidade como se ela pertencesse a um mundo separado próprio. Ou ela é uma característica do mundo da experiência ou deve se revelar uma nulidade. Não é uma substância única, mas uma concepção predicativa apropriada apenas a um mundo de experiência. E o pensador que demanda uma realidade além da experiência certamente ficará desapontado.» *Experience and its Modes*, p. 54.

por aqueles que nos precederam, e devemos aprender suas características, interpretá-las e nos apropriarmos delas. Os seres humanos são aquilo que aprendem a se tornar num mundo de ideias existentes ao se descobrirem imersos nelas sem que o tivessem solicitado. Desde o início, cada um de nós encontra um mundo que nos é apresentado como algo já compreendido, forçando-nos a tentar entender os que os outros parecem já ter compreendido.

A relação entre si mesmo e os outros é uma tensão à procura de reconciliação, incoerência em busca de coerência. Não somos nem livres, uma vez que não podemos escolher outro mundo para ocupar, nem estamos limitados, pois nossa reconciliação com um mundo já existente depende de nossos próprios esforços para interpretá-lo. Liberdade é a resposta interpretativa da inteligência humana às circunstâncias encontradas, muitas das quais surgiram sem nossa participação.

Liberdade, nesse sentido, é uma característica inerente à existência humana, que começa a se mostrar no momento em que os seres humanos surgem. Liberdade não é uma condição a ser ganha, mas uma pressuposição da existência consciente.[6] Como tal, a liberdade pode

---

6 «O ponto de largada do fazer é um estado de consciência reflexiva, isto é, o próprio entendimento do agente a respeito de sua situação, o que ela significa para ele. E, claro, é uma situação *dele* mesmo que possa ser uma preocupação com o que ele vê como sendo a situação de outro ou outros. Nessa compreensão a situação é identificada

surgir tanto como uma bênção quanto uma maldição, dependendo das respostas do indivíduo, e os seres humanos a verão como desejável ou não em consequência disso. «A vitória não demonstra essa liberdade, nem a derrota a qualifica».[7] Porém, toda atividade humana, enquanto atividade humana, pressupõe o uso da inteligência. Liberdade, inteligência e resposta interpretativa estão interligados. Onde há uso da inteligência, a liberdade deve estar presente.[8]

---

em termos específicos; nunca é o reconhecimento dela como, por exemplo, simplesmente algo prazeroso ou doloroso, certo ou errado. E é a respeito desse ponto de partida numa situação contingente compreendida que o agente da conduta pode ser dito livre.» *On Human Conduct*. Oxford: Clarendon Press, 1975, p. 37.

7 *On Human Conduct*, p. 40.

8 «A autocompreensão do agente (...) pode ser pequena, seus poderes de autodeterminação podem ser modestos, ele pode ser facilmente influenciável, pode ser enganado a agir, mas ele é o que entende ser, suas situações contingentes são o que ele compreende ser, e as ações e expressões com as quais responde a elas são autodescobertas e autorrepresentações. Ele tem uma ‹história›, mas não uma ‹natureza›; ele é aquilo que na conduta se torna. Sua ‹história› não é um processo evolutivo nem teleológico. Ela é o que ele representa para si mesmo diariamente, uma articulação ininterrupta de respostas compreendidas a intermináveis situações de emergência compreendidas, as quais permanecem até que ele deixe a cena diária.

A todo momento, a reflexão tende a dividir a totalidade da experiência em vários modos que interpretam essa totalidade. Um modo de experiência é uma linha de pensamento ou prática emergente dentro da experiência como um todo, uma linha que tenta ter a noção do todo, para fazer da experiência um todo coerente ou gerenciável de seu próprio ponto de vista. É uma inferência de como deve ser a totalidade da experiência, uma vez que essa totalidade não pode ser vista, e pode também ser uma afirmação sobre ela. Contudo, por serem abstratos, todos os modos necessariamente representam o todo de maneira equivocada.[9] A maior parte das pessoas, na maior parte do tempo, fica contente por compreender o mundo a partir de um horizonte organizado de um modo específico de construção do mundo, ou costura uma perspectiva a partir de elementos que surgem

---

E apesar de ele poder imaginar um personagem humano ‹ideal› e poder usar este personagem para direcionar sua autorrepresentação, não há um homem final ou perfeito escondido no útero do tempo ou pré-configurado naqueles que agora estão na Terra.» *On Human Conduct*, p. 41

9 «Em primeiro lugar, independente de um modo de experiência, uma divergência do propósito concreto na experiência, se escapa, não pode escapar do próprio mundo da experiência. Um modo de experiência é defeituoso não porque parou de ser uma experiência ou abandonou o próprio critério de experiência, mas porque não tenta mais satisfazer plenamente aquele critério.» *Experience and its Modes*, p. 71.

de corpos mais disciplinados da aprendizagem modal.[10] Filósofos, no entanto, por motivos misteriosos, acham necessário tentar ir além desses modos de experiência para ter noção do todo intacto, o todo como todo.

Mesmo se esse esforço filosófico não puder ser concluído, como pensa Oakeshott, o resultado é experimentar o peso da discrepância entre aquilo que iria satisfazer a busca filosófica e todas as imagens de satisfação oferecidas pelos vários modos de interpretação do todo. Consequentemente, o filósofo como tal nunca poderia estar satisfeito com esses substitutos, nem encontrar uma maneira de fugir

---

10 Um «modo» de experiência não é meramente uma «perspectiva» das coisas. Um modo é um relato disciplinado, ainda que em última instância limitado, que procede de certas premissas sobre a maneira como o mundo deve ser explicado e que desenvolve no decorrer do tempo métodos de investigação que criarão um corpo de conhecimento organizado e maneiras identificáveis de conduta que irão delinear nosso mundo de experiência da maneira que, implicitamente, os profissionais aprenderam a esperar que o mundo seja: o passado do historiador, a natureza do cientista, o projeto de progresso do político, o mundo de imagens do poeta, as melodias do compositor. Ainda assim, no decorrer das coisas, os vários modos de experiência vão influenciar as perspectivas graduais que as pessoas geralmente têm. Os modos tendem à exclusividade, perspectivas podem ser mais casuais e amigáveis. E, claro, perspectivas podem coexistir entre os profissionais dentro dos modos.

completamente deles. O filósofo é pego entre o insuficiente e o infinitamente remoto. Ele não é mais apenas um profissional dentro de um modo limitado, nem é capaz de reivindicar ter encontrado uma conquista satisfatória de algo melhor.

Há um abismo entre a compreensão que o filósofo tem do mundo e a compreensão das demais pessoas, ainda que elas tenham sido forjadas na mesma tarefa interminável de autocompreensão que é comum a toda a humanidade em todos os tempos e lugares. Essa condição, para Oakeshott, não coloca o filósofo em posição superior; mas o coloca numa posição peculiar, não facilmente apreciada por aqueles que não estão tão enredados nessa tarefa.[11]

....

11 O filósofo vê uma identidade «não como um veredito a ser aceito, mas como um convite à investigação», em última análise ao «procurar entendê-la nos termos de seus postulados; isto é, nos termos da sua condição». E «um teórico não é levado a esse empreendimento por seu reconhecimento das identidades como composições de características (isso ele já entende, talvez tão bem quanto possa ser compreendido), mas pelo que ele ainda não entende em tais identidades; a saber, sua condicionalidade. Ao voltar sua atenção crítica para essa condicionalidade ele é libertado da prisão de sua compreensão presente». *On Human Conduct*, pp. 8-9. O esforço teórico implica no conhecimento incondicional como seu objetivo, mas aparentemente não há limite para as plataformas condicionais da compreensão a serem investigadas.

Nesse meio-tempo, os praticantes dos vários modos de experiência continuam com o trabalho de dar a suas respectivas linhas de pensamento maior clareza organizacional em termos de postulados ou premissas mais ou menos incontestes; de simplificar seu trabalho na forma de manuais e livros didáticos para que sua atividade possa ser ensinada a iniciados que irão levá-la adiante. A atração disso está no sentimento de completude e segurança, um propósito especificável, compartilhado pelo profissional. Não surpreende, então, que profissionais vejam sem entusiasmo o ceticismo do filósofo, que chama a atenção para os limites de um modo de experiência.

O interesse do filósofo por um modo de experiência — experimentação científica, pesquisa histórica, escrita poética, ação política — inclui explorar e determinar sua lógica interior num espírito de distanciamento. O trabalho do filósofo não é elogiar ou culpar, mas revelar. Durante o mapeamento desse terreno intelectual, ele também revela onde as características da experiência foram colocadas de lado, excluídas, sob o preço de conquistar coerência modal. O filósofo potencialmente força o profissional de uma atividade a se tornar autoconsciente, colocando-o no caminho da autocrítica de forma que ele possa se submeter à mesma experiência de perplexidade do filósofo.

Essa intervenção filosófica não amplia de nenhuma forma óbvia a capacidade do profissional de praticar sua atividade; o que quer que o filósofo descubra como padrão organizador já está implícito nela. Ele certamente não fornece um objetivo extrínseco ou propósito ulterior para ancorar a atividade em questão. Compreender é um fim em si mesmo. É realizado para sua própria satisfação, como entendimento sem limites. O que a intervenção do filósofo faz, deliberadamente ou não, é condenar uma atividade de abstração do todo em seu próprio esforço para ser um todo. A intervenção filosófica, em resumo, faz surgir o espectro de incoerência, e consequentemente de insegurança, onde coerência e segurança eram vistos como possíveis. A recusa do filósofo em dar crédito à certeza que os profissionais acreditavam ter encontrado abre um campo para a dúvida, potencialmente infectando-os com a doença cética do filósofo.[12]

---

12 «O que distingue a filosofia de todas as outras experiências é a tentativa explícita de conquistar o que é finalmente satisfatório numa experiência. Se falhar nisso, a filosofia terá falhado em geral na tentativa de chegar a algo que possa ser tido como uma conquista. E isso imediatamente a diferencia de um mundo abstrato da experiência, como é o caso dos mundos da história, da ciência e da prática. Esses mundos falham em atingir aquilo que é satisfatório na experiência porque conquistam alguma outra coisa — um grau específico daquilo que é satisfatório. Portanto, não é em virtude de suas conquistas reais que uma experiência pode ser chamada filosófica; ao invés disso, a filosofia deveria ser considerada como a determinação de só se dar por satisfeita diante de um mundo completamente coerente de experiência.» *Experience and its Modes*, p. 347.

Isso nos leva ao conflito inevitável entre os filósofos e todos os outros, familiar a todos os leitores da filosofia. Aqui, de fato, estamos diante da interpretação de Oakeshott da alegoria da caverna de Platão: a filosofia leva a um ceticismo necessário em relação a tudo aquilo que todos os humanos reivindicam ter compreendido, inclusive aquilo que o filósofo pode se sentir tentado a fazer por si mesmo.[13] Todo modo de interpretação da experiência é reducionista ao procurar se completar por meio da explicação de toda experiência em termos de seus próprios postulados de interpretação.

Ao seguir esse estilo de investigação socrático-platônico que leva ao ceticismo sobre qualquer reinvindicação de adequação por um modo de experiência, Oakeshott não encontra garantias de que qualquer modo particular possa dominar ou definir a existência humana. Portanto, os ensaios de Oakeshott sobre educação, assim como sobre todos os outros assuntos, fazem surgir as possibilidades românticas que vivem à espreita nos cantos monótonos da vida prática. Para ele, a educação pode se opor às tendências da inércia que obscurecem a multiplicidade de possibilidades da existência humana.

Não é trabalho daqueles que se devotam à arte, literatura e filosofia voltar de um retiro trazendo consigo alguma sabedoria superior; serem livres do mundo — o que também significa

---

13 Ver a discussão deste ponto por Oakeshott em *On Human Conduct*, p. 27; e *Rationalism in Politics*, p. 224, nota de rodapé 1 e seguintes.

a necessidade de reconhecimento da autossuficiência do mundo — é a condição de sua contribuição. O ceticismo de Oakeshott é, portanto, bastante direto, mas se dá sob a forma de um distanciamento amigável, não hostil. Ele permite que o ceticismo da reflexão filosófica surja como maneira de provocar a abertura de possibilidades da existência humana do modo como elas poderiam ser descobertas pelos indivíduos por si mesmos, não apresentadas por ele ou outros. A responsabilidade de autodefinição é uma provação da consciência da qual os seres humanos não podem fugir, mas é também uma grande aventura que Oakeshott leva tão a sério como se se tratasse da ascensão da alma.

Tarefas práticas definem a vida como uma série de problemas a serem resolvidos. Pensar em termos práticos pode facilmente nos deixar cegos para o pensamento segundo o qual, por sermos mortais, a vida não pode ser transformada em um «problema» com uma «solução». A vida não pode ser manipulada para conduzir a uma sucessão de satisfações previsíveis. A condição humana é tribulação, não itinerário.

As tarefas do contemplativo, do poeta, do filósofo, do cientista que procura entender a estrutura da natureza, do historiador apaixonado pelo passado apenas pelo que ele é não são secundárias, mas sim cruciais para apreciar o que significa ser humano. A uma grande distância da vida prática, Oakeshott celebra o impulso poético e o deleite contemplativo: «imagens em contemplação estão meramente presentes; não provocam nem especulação nem investigação sobre motivo ou condições de seu aparecimento, mas apenas deleite em sua aparição».[14]

A avaliação calma mas segura que surge desses ensaios teria sugerido há pouco tempo um sentimento de ordem providencial que aqui não é mencionado. Isso é coerente com a própria admissão de Oakeshott das consequências de seu ceticismo filosófico. Invocar uma base de sustentação equivaleria a apenas invocar uma autocompreensão individual que poderia facilmente tirar a atenção da própria experiência do ensino e do aprendizado. É à descrição da experiência que ele constantemente retorna.

Ele faz isso porque, independentemente de qual base metafísica alguém possa utilizar para explicar a experiência, é o reconhecimento da experiência em si que pode ser compartilhado e delimitado através de um diálogo entre aqueles que dela desfrutaram, apesar de desacordos que possam surgir sobre a origem da experiência e aonde ela pode levar. Para Oakeshott, diálogos desse gênero expressam uma característica central da existência humana — a civilidade de concordar em discordar — e, portanto, também a importância para nós das instituições de ensino e aprendizado, os lugares onde o diálogo é explicitamente considerado prioridade. É quando o ensino e o aprendizado nos permitem esquecer por um tempo as preocupações com metas e propósitos secundários que eles satisfazem o desejo tão

---

14 «The Voice of Poetry in Conversation of Mankind», *Rationalism in Politics*. Londres: Methuen & Co Ltd, 1962, p. 217.

peculiarmente humano por autocompreensão que lhes dá origem.

Se a investigação filosófica tem sempre o propósito de esclarecer as características distintivas de uma atividade — as características que a destacam como algo identificável, que não pode ser confundida com outra coisa —, essa é também a tarefa da filosofia quando volta sua atenção à compreensão do ensino e do aprendizado. Toda consideração que põe em risco a clareza de nossa visão sobre aquilo que deve ser compreendido é suspeita.

A alegria fundamental de Oakeshott como filósofo cético deriva de sua consciência de que nada está descartado nem decidido. O filósofo não é juiz num tribunal de última instância; a humanidade não precisa desse juiz. A tarefa de esclarecer é a maneira filosófica de convidar os outros para um diálogo. A filosofia não procura impor.

A libertação da mente para tal diálogo é também sua exaltação. Ensinar e aprender são baluartes contra a superficialidade e a rotina, frequentemente estimulados pela preocupação com questões triviais. A exaltação aqui não implica nenhum desejo de dominação por árbitros culturais. Em vez disso, a esperança é ir do pensamento em termos de proteção de nossos recursos intelectuais rumo a seu rejuvenescimento por meio de sua fruição. Apesar de o discurso prático frequentemente viver de proteger a sociedade, Oakeshott propõe que a força da civilização deriva da capacidade de se recriar ou renovar continuamente.

A vida prática não pode impedir a preocupação com objetivos e planos específicos, debates intermináveis sobre meios e fins. Há elementos de conversação na rotina do diário da existência, com certeza, mas raramente há a chance de criar uma atmosfera de conversação contínua por si só, uma situação em que haja pouco a ser resolvido.

A palavra «conversação» suscita a conduta do «debatedor», tomado por Oakeshott como agente de um fluxo de empatia, não como a voz da verdade. Aquele que promove o debate não é legislador nem profeta, muito menos um revolucionário reformador que escolhe viver no futuro. De qualquer maneira, se alguém que chega a um local de aprendizado tem inclinação a um desses comportamentos, precisa saber que deve deixar as armas na porta.

O filósofo irá se provar um debatedor engajador, desde que não perca um saudável senso de sua própria falta de importância. Mas a tensão ameaça, dado o efeito depressivo quando o filósofo é obrigado a dizer

> Os homens navegam um mar infinito e infinitamente profundo; não há porto para abrigo nem fundo onde ancorar, não há ponto de partida nem um destino indicado. O que se pretende é navegar sem sobressaltos; o mar é a um só tempo amigo e inimigo; e a arte do bom marinheiro consiste em usar os recursos de uma maneira tradicional de comportamento para tornar amistosa toda ocasião hostil.[15]

---

15 «Political Education», veja pp. 149-50.

O que pode deprimir as pessoas envolvidas quando expressado dessa forma pode também inspirar se colocado de maneira diferente:

Numa conversa, «fatos» aparecem apenas para serem reduzidos mais uma vez a possibilidades a partir das quais são feitos; «certezas» se mostram combustíveis, não por serem trazidas diante de outras «certezas» ou dúvidas, mas por serem estimuladas pela presença de ideias de outra ordem; aproximações são reveladas entre noções normalmente remotas umas das outras. Pensamentos de diferentes espécies ganham asas e brincam uns com os outros, respondendo aos movimentos uns dos outros e provocando nos outros novos usos. Ninguém pergunta de onde vieram ou com que autoridade se apresentam; ninguém se importa com o que será deles quando já desempenharam seu papel. Não há simposiarca ou árbitro; nem mesmo um guardião para examinar credenciais. Cada um que entra é recebido pelo valor de face e tudo que pode ser permitido dentro do fluxo de especulação é permitido. E as vozes que participam da conversa não formam uma hierarquia. A conversa não é um empreendimento destinado a produzir um lucro externo a ele, uma competição onde o campeão ganha um prêmio, nem é uma atividade de exegese. É uma aventura intelectual não ensaiada. Vale para o diálogo o mesmo que vale para os jogos de azar: seu significado não está em ganhar ou perder, mas em apostar.[16]

---

[16] «The Voice of Poetry in the Conversation of Mankind», *Rationalism in Politics*, p. 198.

Essas duas passagens sugerem «formalidade» mais do que «intenção». Há um modo de conduta apropriado à conversa dos estudiosos, professores e estudantes que não especifica a hierarquia de aprendizado e, consequentemente, nem «simposiador» ou árbitro do conteúdo final do aprendizado. Essa conduta inclui a capacidade que Hirsch denomina como «alfabetização cultural», mas é também muito mais. Além disso, em sua oposição à hierarquia vemos uma recusa pacífica em permitir que o aprendizado e o ensino sejam capturados pelos moralistas que iriam restringir o diálogo à concordância com uma visão específica sobre o que o ser humano deveria ou poderia se tornar.

Pode-se perceber que todas as reflexões filosóficas de Oakeshott se afastam das limitações do ensino e do aprendizado causadas pela autointerpretação tanto quanto se afastam das reduções sociológicas ou psicológicas. Isso o distingue nitidamente de autores como Allan Bloom que, não sem razão, teme que a diversidade caótica de atividades na universidade moderna seja perigosa para a saúde moral dos alunos e para uma civilização cujo sucesso ele iguala ao sucesso americano.

Sem dúvida há perigos morais graves, e Oakeshott não seria insensível ao catálogo de vulgaridades da cultura moderna apresentado por Bloom. Mas suas respectivas soluções para as doenças da alma (Oakeshott diria interpretações errôneas) são muito diferentes. A voz calma de Oakehott se recusa a comprometer a ideia de educação, revelando sua capacidade de disposição estoica para manter o foco na ideia de ensino e aprendizado entre os entulhos em contraste com o lamento agonizante que revela o afastamento de Bloom de uma modernidade que ele compreende do mesmo modo como Rousseau e Nietzsche a compreendiam.[17]

Não se pode duvidar que o convite de Bloom para que se construa uma estratégia de preservação de nossa civilização depende de nos convencermos que vivemos um momento único de ameaça (e oportunidade) no qual está claro o que precisa ser dito. Oakeshott caracteristicamente resiste a toda formulação apocalíptica, vendo nelas receitas para suspender o diálogo em favor de uma contrarrevolução politizada que irá definir a educação como instrumento de guerra por outros meios. Isso, para Oakeshott, é uma resposta interpretativa a circunstâncias contingentes. Não há maneira imediata de reconciliar esses pontos de

....

17 Allan Bloom, *The Closing of the American Mind: How Higher Education Has Failed Democracy and Impoverished the Souls of Today's Students*. New York: Simon & Schuster, 1987. Bloom termina seu livro dizendo: «Este é o momento da América na história mundial, o momento pelo qual seremos para sempre julgados. Assim como na política a responsabilidade pelo destino da liberdade no mundo esteve atrelado ao nosso regime, também o destino da filosofia no mundo está atrelado a nossas universidades, e os dois estão tão ligados quanto jamais estiveram. A gravidade da tarefa que temos em mãos é muito grande, e ainda não se sabe como o futuro irá julgar nossa liderança», p. 382.

diferença interpretativa, mas isso dá ainda mais razões para refletir sobre o que cada voz tem a dizer — para conversar.

Pense de novo nas duas citações anteriores de Oakeshott, frequentemente citadas por seus leitores, mas raramente colocadas lado a lado: a primeira estabelece os limites austeros da existência humana; a segunda celebra o que a humanidade pode fazer por si mesma. Aqui vemos o ritmo de pensamento inspirado pela leitura devotada de Oakeshott dos argumentos de Thomas Hobbes.

Como Hobbes, Oakeshott une uma constante lembrança das razões para a humanidade ser humilde, e não orgulhosa, a uma crença admirável na capacidade dos homens instruídos para tal de criar para si um mundo no qual há muito deleite: precisamos de autoridade política; não precisamos de oradores e árbitros culturais nem, finalmente, profetas.

A segunda passagem descreve trocas mais prováveis de serem observadas de maneira inequívoca e concreta em um «local de aprendizagem» do que em qualquer outro lugar. É nos melhores momentos das faculdades e universidades que Oakeshott esperaria renovar a confiança de que a inteligência humana pode continuar a usar os recursos de sua história, de que a inteligência não se exaure. Não é o caso de que quanto mais inteligência for usada, menos inteligência sobrará. Nem de que não há o que discutir quando nenhum propósito ou objetivo único estiver decidido. Nem é mesmo o caso de que grandes conversas precisem sempre ser resgatadas pela definição de propósitos e metas. De fato, é uma responsabilidade simplesmente incorporar e exemplificar as possibilidades da relação conversacional num mundo sempre pronto a ignorá-las.

A maioria de nós irá permanecer brevemente em tal lugar; mas a experiência pode impregnar nossas vidas mesmo quando estivermos distantes no mundo de ganhar e gastar. Isso não pode ser capturado pela «alfabetização cultural» (muito embora aqueles que levem a termo a experiência sem dúvida serão «alfabetizados culturalmente»), nem é garantido pela imposição de nenhuma hierarquia específica de recursos textuais (apesar de que pessoas com educação liberal certamente demonstrarão conhecimento daquilo que decidiram estudar). Supor que o nosso não é o momento escatológico altera o comprometimento? E a natureza do comprometimento se torna mais clara ao apresentá-lo em termos desesperados? Oakeshott irá responder consistentemente não a essas perguntas, pois uma abordagem desse tipo, ainda que cativante, irá reinserir um objetivo externo ou final como motivo principal para o ensino e a aprendizagem.

Dessas observações podemos tirar tanto energia para seguir em frente quanto uma compreensão sóbria da perpetuidade da condição humana: a tradição, em que devemos nos fiar, «não é suscetível à distinção entre essência e acidente, o conhecimento de algo é inevitavelmente conhecimento de seu detalhe; e isso confere à pessoa bem informada *um comportamento de enérgica sobriedade*. A intimidade com a maneira de viver indica como podemos nos conduzir, mas não uma direção na qual devamos obrigatoriamente seguir. A inspiração vem dos pensadores e estadistas que sabiam para onde dirigir seus pés sem saber nada sobre um destino final».[18]

A disposição de Oakeshott é conservar, mas ela não é do tipo programático. Aquilo que, acima de tudo, deve ser conservado é a clareza de visão sobre as características distintivas dos empreendimentos distintivamente humanos. Nenhuma generalização óbvia sobre políticas públicas ou programas pode ser obtida a partir do que o filósofo sabe. Ele não está no ramo de determinar quando chegou o tempo de cada ideia e quando esse tempo acabou; ele procura, em vez disso, transcender tais vulgaridades. O efeito sobre a política será no máximo indireto, e provavelmente inadvertido. Oakeshott tem, por exemplo, consistente e inequivocamente resistido à "mentalidade de crise" do nosso tempo que tem infectado instituições académicas com um impulso de reivindicar competência para liderar o mundo, para avaliar os sucessos e fracassos do mundo, para professar um destino.

Se o ensino e o aprendizado nutrem algo, é a maturidade intelectual e emocional: encontrar uma forma de estar em casa no mundo. O movimento do pensamento de Oakeshott se compara ao de Montaigne: a ordem do mundo se torna mais complicada com a chegada de cada novo humano. O efeito desarmonizador

....

18 «Political Education», veja p. 153. O itálico não consta do original.

é fascinante na juventude, mas precisa ser seguido de um reconhecimento reflexivo da vasta variedade do mundo e de nossa incapacidade de encontrar uma expressão que seja totalmente abrangente.

Não há regra para nos forçar a esse reconhecimento. Podemos enfrentá-lo com mais ou menos elegância; mas é a vitória de encontrar na velhice dias iguais aos da juventude que nos qualifica para encarar a praticidade, para perseverar na nem sempre emocionante tarefa de participar da organização de nossa sociedade.

É acima de tudo um chamado para que o professor que permaneceu um aprendiz descubra como estar em casa no mundo enquanto dialoga para sempre com uma juventude exuberante: ser a um só tempo velho e jovem. Nisso Sócrates tem sido sempre nosso exemplo e, para seus alunos, Michael Oakeshott é sua encarnação atual.

Um lugar de aprendizado[1]
1975

Un début dans la vie humaine.
Paul Valéry

Nós nos preocupamos com o que somos e com o que podemos dizer que sabemos sobre nós mesmos. Isso nos chega, primeiro, em supostas informações de diversos tipos. Somos informados, por exemplo, que seres humanos são os mais complexos dos organismos vivos, que evoluíram no decorrer de milhões de anos a partir de compostos químicos organizados mais simples, que cada um é dotado

---

1 Nota do editor: Apresentado inicialmente na Colorado College como a Abbott Memorial Lecture de Ciências Sociais por ocasião do centenário da faculdade, em setembro de 1974. As palavras de abertura de Michael Oakeshott foram: «Atravessei metade do mundo para chegar a um ambiente familiar: um lugar de aprendizado. A ocasião é feliz: a celebração do centenário da fundação desta instituição, e espero que vocês não me achem condescendente se eu começar expressando minha admiração por vocês e por todos os outros que, ao longo dos séculos, navegando sob a bandeira das Artes Liberais, convocaram, com a adequada humildade, gerações a desfrutar de sua herança humana.

de características genéticas herdadas, sujeitas a modificação, que por meio de processos complexos governam seus movimentos, e que esses movimentos são continuamente direcionados para a automanutenção do organismo e a sobrevivência da espécie. Os seres humanos são por vezes apresentados como criaturas capazes de sensações cujos movimentos e enunciados são expressões do desejo de prazer e da aversão à dor. Somos informados, além disso, que o Homem foi criado por Deus, com a missão de povoar a terra, dotado de direito ilimitado de explorar seus recursos e orientado a não cair no ócio. E já se disse que um ser humano é uma alma imortal de destino desconhecido acomodada por um tempo num corpo mortal. E assim por diante.

Cada uma dessas afirmações sobre seres humanos pode ser elaborada para que seu significado se torne mais claro, permitindo assim

---

Mas essa também é uma ocasião para reflexão. E fui honrado com um convite para dizer algo sobre a tarefa educacional em que vocês e outros se engajaram e a repensar essa aventura em relação às circunstâncias atuais. Essa é uma tarefa e tanto, e vocês hão de me perdoar se eu responder apenas em parte ao que ela exige. A educação é uma transação entre professores e aprendizes, mas vou me ocupar apenas dos aprendizes, com o que há para ser aprendido e (antes de mais nada) com o aprendizado como marca distintiva do ser humano. Um homem é aquilo que ele aprende a se tornar: eis a condição humana».

que nós as consideremos do ponto de vista de verdades ou erros que possam conter. No fim, todas podem se mostrar (em algum sentido) verdadeiras, ou todas podem ser condenadas por conter algum erro ou obscuridade. Mas não vamos nos ocupar por ora com conclusões desse tipo. O que nos interessa é que cada uma dessas frases é uma manifestação *humana* expressando uma compreensão *humana* sobre o caráter do ser *humano*, e que a capacidade de emitir tais manifestações, sejam elas verdadeiras ou falsas, em si mesma postula um homem que é algo além do que essas ou quaisquer outras manifestações do gênero digam que ele é. Elas postulam aquilo que irei chamar de homem «livre».

Um ser humano pode se tornar «livre» em aspectos muito diferentes, e devo sugerir depois que se instruir é em si uma emancipação; e os seres humanos também podem conquistar vários outros graus do que pode ser «autonomia»; mas me ocupo agora da «liberdade» (por assim dizer) da qual o ser humano não pode se alienar ou ser privado sem deixar de ser humano temporária ou permanentemente.

Como, então, devemos compreender essa «liberdade» inerente a ser um ser humano, postulada em sua capacidade de fazer afirmações sobre si mesmo? Isso é frequentemente identificado com a posse daquilo a que chamamos «livre-arbítrio». Esse é normalmente o caso quando se considera o tipo de expressão a que chamamos ação. Mas não fica muito claro falar assim. É difícil conceber o que seria uma vontade «não livre». Se o que está sendo dito é que ações humanas e expressões, propriamente ditas, são «livres» porque são desejadas (isto é, porque são resultados de desejos e compreendidas apenas em termos do que queremos), então somos deixados com a pergunta: em virtude do que o desejo deve ser considerado necessariamente uma atividade «livre»? Talvez essa «liberdade» inerente humana, exibida quando um homem faz ou elabora afirmações sobre si mesmo, seja mais bem identificada em termos de sua capacidade para entender, ou (claro) não entender, a si mesmo. Por vezes se diz que ele tem esta capacidade em virtude de ter, ou ser, uma mente tanto quanto um corpo. Precisamos, no entanto, ser cuidadosos quanto ao modo como construímos essa distinção. O que se distingue aqui não são duas coisas, mas, de um lado, um processo ou organização de processos (que resulta, por exemplo, em olhos azuis ou numa resistência genética à malária), e por outro lado a habilidade de compreender tal processo em termos de suas irregularidades, identificar as substâncias envolvidas e discernir como elas estão relacionadas umas com as outras.

Em resumo, há uma importante distinção aqui entre um processo químico e a compreensão e explicação de um bioquímico (boa ou má) sobre o que está acontecendo nesse processo. A mente não é ela mesma um processo químico, nem um misterioso x que resta inexplicável depois que o bioquímico chega ao fim de sua explanação química; ela é o que dá a explicação. Um geneticista, por exemplo, não pode ser meramente um registrador que anota as expressões de seus próprios genes; tal registro não constituiria uma contribuição para a ciência da genética, e em qualquer caso genes são incapazes de tais expressões sobre si mesmos; eles podem apenas levar olhos a serem azuis ou alguém a ter a tendência a viver por muitos anos. A mente, aqui, é a atividade inteligente na qual o homem pode compreender e explicar os processos incapazes de compreender e explicar a si mesmos.

Mas isso é apenas um aspecto do assunto. A inteligência não está meramente interessada em entender os processos fisiológicos. A mente é feita de percepções, reconhecimentos, pensamentos de todo tipo; de emoções, sentimentos, afeições, deliberações e propósitos, e de ações que são respostas àquilo que se entende que está acontecendo. Ela é a autora não só do mundo inteligível no qual um ser humano vive, mas também da relação consciente com este mundo, uma consciência que pode se tornar uma condição de autocompreensão. Essa «liberdade» inerente de um ser humano não está apenas em sua capacidade de fazer declarações expressando sua compreensão sobre si mesmo, mas também no fato de o mundo ser para ele aquilo que ele entende que é, e de ele ser o que entende ser. Um ser humano é «livre» não porque tem «livre-arbítrio», mas porque ele é *nele* mesmo aquilo que ele é *para* ele mesmo.

Essa leitura da condição humana é bastante familiar. Está embutida na literatura épica e dramática do mundo ocidental e nos escritos dos historiadores: é assim que os seres humanos aparecem em Homero, nas sagas da

Escandinávia, em Shakespeare e Racine, em Tito Lívio e em Gibbon. Nem o mais frio cientista comportamental moderno ou o mais cego neurobiólogo é capaz de rejeitar inteiramente essa leitura sem rejeitar a si mesmo. Houve momentos em que essa leitura da característica humana não só era aceita, como era adotada com entusiasmo. Ela era reconhecida como uma distinção gloriosa a ser acolhida, explorada, cultivada e aproveitada; era vista como parte da dignidade do homem. Mas, mesmo então, essa condição do ser inteligente era vista como algo que trazia em si um problema: a possibilidade de ser sábio implica a possibilidade de ser estúpido. Além disso, esse homem é inevitavelmente responsável por seus pensamentos, discursos e ações. Ele não pode alegar que seus pensamentos são causados por características genéticas herdadas porque pensamentos têm razões, e não causas, e essas razões são outros pensamentos. Ele não pode alegar que seus discursos não sejam seus, mas sim palavras colocadas na sua boca por um deus ou que se tratam meramente de descargas elétricas de seu cérebro: eles têm significados pelos quais ele é responsável e são julgados por fazerem ou não sentido. Ele não pode alegar que suas ações não sejam suas, mas apenas os resultados de desejos biológicos irresponsáveis, como os galhos descartados pela árvore: essas ações também têm significados e são respostas escolhidas para situações compreendidas.

Além disso, como não é gratuita e tem de ser retribuída com responsabilidade, essa «liberdade» inerente à condição humana tem sido vista com desconfiança e mesmo como um tormento do qual se deve escapar, caso a fuga seja possível. Como seria menos penoso ser incapaz do erro, da estupidez, do ódio e da injustiça, ainda que isso significasse abrir mão da verdade, da sabedoria, do amor e da virtude. Mas é impossível. A própria contemplação de tal fuga anuncia sua impossibilidade: apenas a mente pode lamentar ter de pensar. Em vez de deplorar nossa condição, faríamos melhor considerando exatamente qual o preço que pagamos por nossa «liberdade» não solicitada e inevitável.

Chamei este preço de «responsabilidade», apesar de a palavra ter uma conotação moral inapropriada. Ela pode sugerir que temos como recusar a pagar pela liberdade inerente à atividade inteligente e que essa recusa seria de alguma forma um abandono do dever. No entanto, seria apenas uma falha em reconhecer uma condição necessária. Na verdade, o que distingue o ser humano, o que constitui um ser humano, não é só ele ter de pensar, mas seus pensamentos, crenças, dúvidas, compreensões, a consciência de sua própria ignorância, seus desejos, preferências, escolhas, sentimentos, emoções, propósitos e a forma como os expressa em discursos ou ações que têm significados; e a condição necessária para todas essas coisas e cada uma delas é que ele deve ter *aprendido* isso. O preço da atividade inteligente que constitui o ser humano é o aprendizado. Quando se diz que a condição humana é um fardo, o que está sendo apontado não é a mera necessidade de ter de pensar, falar e agir (em vez de apenas ser como uma pedra ou crescer como uma árvore), mas a impossibilidade de pensar ou sentir sem ter de aprender a pensar em algo muitas vezes de forma lenta e dolorosa. A liberdade de um ser humano é inerente ao fato de seus pensamentos e suas emoções terem precisado ser aprendidos; pois aprender é algo que cada um de nós precisa e pode fazer apenas por si mesmo.

Essa impossibilidade de separar aprendizado e ser humano é central para a nossa compreensão de nós mesmos. Significa que nenhum de nós nasce humano; cada um é o que aprende a ser. Significa que o que caracteriza um homem é o que ele realmente aprendeu a perceber, a pensar e a fazer, e que diferenças importantes entre seres humanos são diferenças a respeito do que eles realmente aprenderam. Há poucas dúvidas de que nossa habilidade de aprender aumentou nos últimos milhões de anos, e que essa habilidade é maior em alguns períodos da nossa vida individual do que em outros. Talvez também existam algumas diferenças genéticas em nossas habilidades de aprender. Os significados humanos dessas mudanças e diferenças, no entanto, estão no reflexo que elas têm sobre o que um homem realmente aprendeu a pensar, a imaginar e a fazer; pois isso é o que ele é. Significa também que essas diferenças não são só aquelas que implicam maior ou menor sucesso no aprendizado, conquistas melhores ou piores em nos tornarmos humanos, mas também diferenças imensuráveis da individualidade humana. Em resumo, essa conexão entre aprender e ser humano significa que cada homem é sua própria «história» autoencenada; e a expressão da «natureza humana» diz respeito apenas a nossa tarefa comum e inevitável: a de nos tornarmos algo pelo aprendizado.

Mas o que é essa tarefa que chamei de «aprendizado» — que pode, sozinha, nos tornar humanos? Deixe-me destacar, primeiro, um relato sobre o assunto que, independentemente de suas limitações, pelo menos é claro. Um biólogo irá nos dizer que um organismo vivo (um polvo, por exemplo) existe em relação com seu *habitat*. O organismo é uma estrutura química em contínua mudança sensível a suas circunstâncias, equipada para reagir aos estímulos de seu entorno. Suas reações são movimentos, nem sempre bem-sucedidos, na tentativa de sobreviver. As informações que ele recebe do ambiente não são uniformes ou necessariamente favoráveis, e para sobreviver o organismo precisa ser versátil em suas reações. De fato, ele é equipado com mecanismos que favorecem e registram para uso futuro reações bem-sucedidas ou «corretas» e elimina ou não favorece aquelas que falharam ou eram «incorretas». Esse processo por meio do qual um organismo se adapta e registra suas reações ao ambiente é chamado de «aprendizado»; de fato, ele é apresentado como um processo de aquisição, armazenamento e recuperação e informações úteis, e um humano é visto apenas como um ser mais versátil do que um polvo.

Não precisamos questionar esse relato de mudança metabólica e evolucionária, mesmo que tão rico em analogias antropomórficas.

Nem precisamos duvidar que alguns desses processos tenham acontecido nos primeiros dias de nossa existência pós-natal. Contudo, é claro que o aprendizado por meio do qual nos tornamos humanos é muito diferente desse processo de adaptação orgânica às circunstâncias. De fato, essa não é uma descrição reconhecível do aprendizado por meio do qual o próprio biólogo se tornou capaz de discernir e compreender o processo orgânico. Será que a descoberta do dr. Watson sobre a estrutura helicoidal das moléculas de DNA pode ser propriamente descrita como uma reação química a uma informação do ambiente que promoveu sua sobrevivência biológica?

O aprendizado no qual estamos interessados é uma tarefa autoconsciente. Não é uma reação induzida a uma pressão ambiental fortuita, mas uma tarefa autoimposta inspirada pelas sugestões do que há para aprender (isso é, pela consciência de nossa própria ignorância) e pelo desejo de entender. O aprendizado humano é um processo reflexivo no qual aquilo que é aprendido não é apenas um fragmento solto de informação, mas algo compreendido, talvez equivocadamente, e expresso em palavras que têm significados. Nada tem a ver com a sobrevivência orgânica e tem muito pouco a ver com aquela «adaptação ao mundo» seletiva que é o equivalente humano da homeostase orgânica; esse aprendizado está preocupado com percepções, ideias, crenças, emoções, sensibilidades, reconhecimentos, discriminações, teoremas e tudo o que vier a constituir a condição humana.

Nesse aspecto, o aprendizado humano é também distinto de outras experiências, ou supostas experiências, com as quais ele é por vezes confundido. O aprendizado humano não é a aquisição de hábitos ou o treinamento para realizar truques e funções; é adquirir algo que você pode usar porque o compreende. Além disso, os sentimentos de euforia, de iluminação ou de depressão induzidos por drogas, pelo uso de luzes piscantes ou choques elétricos não são maior aprendizado do que a inconsciência induzida pela anestesia, e não são mais significativos; não contribuem em nada com a conquista de uma condição humana. De fato, na medida em que sugerem que essa condição pode ser conquistada pelo estímulo químico ou pela mágica, eles se tornam obstáculos para a árdua atividade autoconsciente do aprendizado que é o único caminho para nos tornamos humanos. Ser enfeitiçado não é aprender. Nem o aprendizado é um processo teleológico no qual uma suposta semente de *humanitas* em cada um de nós cresce e toma consciência ou desenvolve aquilo que já continha em potencial. O mais próximo que podemos chegar do que pode ser chamado de um equipamento característico «natural» humano é a autoconsciência; também ela, no entanto, é aprendida, muito embora comece a ser aprendida muito cedo na vida do indivíduo. E embora a autoconsciência seja o pré-requisito de todas as conquistas intelectuais e imaginativas humanas, não se pode dizer que a vasta gama dessas conquistas esteja nela em potencial.

Deixe-me resumir essa parte do que tenho a dizer. Uma vida humana não é um processo por meio do qual um organismo vivo cresce e atinge a maturidade, se adapta ao ambiente ou perece. É, em primeiro lugar, uma aventura na qual a consciência de um indivíduo confronta o mundo que habita, reage ao que Henry James chamou de "a provação da consciência" e assim encena e revela a si mesmo. Essa tarefa é uma aventura num sentido preciso. Não há nenhum trajeto pré-definido a seguir: a cada pensamento e ação um ser humano deixa o porto e segue para o mar aberto num trajeto escolhido, mas em boa parte desconhecido. Não há destino pré-definido: não há homem substantivo ou vida humana perfeitos que possam servir de modelo para sua conduta. É uma dificuldade, não uma jornada. Um ser humano é uma «história» e ele constrói para si mesmo essa «história» a partir de suas reações às vicissitudes que encontra. O mundo que ele habita é composto não de «coisas», mas de eventos, que ele percebe a partir do significado que tenham para ele.[2] Alguns desses acontecimentos ele aprende a reconhecer como expressões de pensamento e emoções humanas — histórias, poemas, obras de arte, composições musicais, paisagens, ações humanas, discursos e gestos, crenças religiosas,

---

2 Além disso, seres humanos, apesar de não terem um poder divino de conceder autoconsciência onde ela está ausente, têm o poder de individualizar e dotar de vida histórica coisas e criaturas que não são por si só históricas: cavalos, cachorros, árvores.

questionamentos, ciências, procedimentos, práticas e todo tipo de outros artefatos, de que, novamente, ele só tem consciência em termos de sua compreensão. Outros, ele aprende a reconhecer como pessoas inteligentes de quem tem ciência como quem e o que ele entende que essas pessoas são, e com quem ele tem ligações em termos de transações e afirmações que têm significados e que podem ser bem ou mal compreendidas. Ou seja, ele habita um mundo completamente humano, não por não conter nada além de seres humanos e seus artefatos, mas porque tudo ali é *conhecido* por ele em termos do que *significam* para ele. Um ser humano está condenado a ser um aprendiz porque os significados precisam ser aprendidos. O que quer que um homem pense, diga ou faça é inevitavelmente o que ele aprendeu (bem ou mal) a pensar, a dizer ou a fazer. Mesmo a morte humana é algo aprendido.

2

Para um ser humano, então, aprender é uma tarefa para a vida toda; o mundo em que ele vive é um local de aprendizado. Mas, além disso, seres humanos, na medida em que tenham compreendido sua condição, sempre reconheceram lugares, ocasiões e circunstâncias especiais deliberadamente destinados ou dedicados ao aprendizado, sendo as mais notáveis delas a família humana, a escola e a universidade. A família humana (independente de que forma venha a ter) é uma prática criada não para a geração de crianças, nem meramente para sua proteção, mas para a educação inicial dos recém-chegados à cena; ela reconhece que o aprendizado começa devagar e toma tempo. A escola e a universidade são inconfundíveis; são estágios sucessivos desse compromisso deliberado com o aprendizado, e é nisto que estamos interessados.

A característica distinta desse lugar especial de aprendizado é, primeiro, que aqueles que o ocupam são reconhecidos e se reconhecem a si mesmos como aprendizes, muito embora possam ser muitas outras coisas. Em segundo lugar, nele o aprendizado é uma atividade declarada de aprender algo específico. Aqueles que o ocupam não estão apenas «crescendo», e não estão ali apenas para «aprimorar suas mentes» ou «aprender a pensar»; tais atividades não específicas são tão impossíveis quanto uma orquestra que não toque nenhuma música em particular. Além disso, o que deve ser aprendido em tal lugar não se apresenta por acaso ou surge a partir do que pode estar acontecendo; é algo reconhecido como uma tarefa específica a ser encarada e perseguida com atenção, paciência e determinação, estando o aprendiz consciente do que está fazendo. E, terceiro, o aprendizado aqui não é um empreendimento limitado, no qual o que é aprendido é aprendido apenas até o ponto em que possa ser colocado a serviço de uma finalidade externa; o aprendizado em si é a atividade e tem seus próprios padrões de sucesso e excelência. Consequentemente, o que há de especial a respeito de tal lugar ou circunstância é seu isolamento, o distanciamento daquilo que Hegel chamou de *hic et nunc*, o aqui e agora, da vida cotidiana.

Cada um de nós nasce num canto da Terra e em um momento particular do tempo histórico, marcado pela localidade. Mas a escola e a universidade são lugares isolados onde um aprendiz declarado é emancipado das limitações de suas circunstâncias locais e dos desejos que possa ter adquirido, e é movido por sugestões do que nunca ainda tenha sonhado. Ele se vê convidado a buscar satisfações que não havia imaginado ou desejado. Esses são, então, lugares protegidos onde excelências podem ser ouvidas, porque o barulho das injustiças locais não passa de um ronco distante. São lugares onde o aprendiz é iniciado no que há para ser aprendido.

Mas o que há para um ser humano aprender? Grande parte da conduta humana tem, e sempre teve, relação com a exploração dos recursos da terra para a satisfação dos desejos humanos, e muito do aprendizado humano tem relação, direta ou indireta, com essa atividade inteligente que se prolifera ao infinito. Isso certamente é um aprendizado genuíno. Uma lontra pode estar equipada com algo que, na falta de palavra melhor, chamamos de um instinto que lhe permite capturar um peixe; um castor, em resposta a algum instinto biológico, pode construir uma represa e uma águia pode mergulhar e arremeter e carregar um cordeiro; mas um pescador precisa aprender a pescar e aprende bem ou mal e com uma variedade de técnicas, os engenheiros que projetaram e construíram a Represa Boulder estavam equipados com algo além de um instinto biológico, e criar ovelhas para carne e lã é uma arte que precisa ser aprendida. No que diz respeito a explorar os recursos da terra, um ser humano atual é, portanto, herdeiro de uma grande variedade de habilidades instrumentais e práticas que precisam ser aprendidas para resultar na satisfação que são destinadas a produzir. Além disso, o inventor e o usuário dessas habilidades e práticas não é o Homem ou a Sociedade; todas são descobertas ou invenções de um homem específico, um Prometeu, um Vulcano, um Bessemer ou um Edison. Não é um Homem ou alguma abstração chamada «ciência médica» que cura o doente; é um médico individual que tenha ele mesmo aprendido sua arte com professores específicos. Não há um «aprendizado social» ou uma «compreensão coletiva». As artes e práticas que compartilhamos uns com os outros estão apenas nas compreensões do viver, adeptos individuais que os aprenderam.

E além disso, a satisfação dos desejos humanos é perseguida em transações entre seres humanos nas quais eles competem ou cooperam uns com os outros. Buscar a satisfação de um desejo é entrar em relação com outros seres humanos. Essa associação humana não é a interação entre componentes de um processo, nem é um tipo de atividade gregária ou sociável não especificada; ela é composta de uma variedade de diferentes tipos de relacionamentos, cada qual uma prática específica cujas condições devem ser aprendidas e compreendidas para que suas vantagens possam ser aproveitadas. Incomparavelmente, a mais útil dessas relações é a que subsiste entre aqueles que falam uma linguagem em comum na qual comunicam seus desejos e conduzem as barganhas através das quais eles podem ser satisfeitos. Tal linguagem, assim como todas as demais condições da associação humana, precisa ser aprendida.

Ser humano, ter desejos e tentar satisfazê-los é, portanto, ter o uso de habilidades, práticas instrumentais e relações particulares. Não há ação que não seja subscrição a alguma arte, e não há discurso possível sem linguagem. Essas habilidades, práticas e relações precisam ser aprendidas. Como, dentro de suas limitações, esses aprendizados são genuínos e podem ser vastos, não é surpresa que devesse haver lugares especiais dedicados a eles, cada um interessado em iniciar aprendizes em alguma arte instrumental particular ou em alguma prática que frequentemente contenha a oportunidade de «aprender fazendo», como se diz: escolas de medicina, faculdades de direito, de letras, escolas de jornalismo ou fotografia, escolas em que uma pessoa pode aprender a cozinhar, a dirigir um automóvel ou a administrar uma fábrica de fagotes, e mesmo as politécnicas, onde uma variedade de tais habilidades instrumentais pode ser aprendida.

Há muito mais a ser dito sobre essa atividade de explorar a terra, sobre as artes e relacionamentos usados na satisfação dos desejos humanos e sobre o aprendizado que isso envolve. Trata-se certamente de um aprendizado genuíno, muito embora os lugares especiais dedicados a eles sejam apropriadamente limitados em seus objetivos e se restrinjam a considerações sobre utilidade. Aprender uma arte instrumental não é simplesmente estar treinado para realizar um truque; envolve a compreensão do que se está fazendo. E aprender uma prática não é só adquirir um equipamento mecânico e saber operá-lo. Uma arte humana jamais é fixa ou completa; precisa ser usada e é continuamente modificada pelo uso. Mesmo usar uma linguagem para comunicar desejos é uma tarefa inventiva. Mas não me proponho a explorar mais a fundo essa tarefa do aprendizado; há algo mais importante a considerarmos. Conseguimos vê-lo de relance quando reconhecemos que escolher desejos a serem satisfeitos também é algo que precisa ser aprendido, e que as condições com que devemos nos comprometer para tomar tais decisões não são os termos das artes instrumentais e práticas nas quais os desejos escolhidos podem ser convenientemente satisfeitos. Nunca é suficiente dizer de um desejo humano: «Sei como satisfazê-lo e tenho o poder para fazer isso». Há sempre algo mais a considerar. Mas o que surge diante de nossos olhos não é só uma extensão do campo de aprendizado instrumental, e sim uma atividade completamente diferente de autocompreensão crítica na qual conseguimos nos relacionar não com nossa herança de artes instrumentais, mas com a aventura intelectual contínua por meio da qual seres humanos têm procurado identificar e entender a si mesmos.

Reconhecer a si mesmo em termos de seus desejos, reconhecer o mundo como material a ser moldado e usado para satisfazer vontades, reconhecer outros como concorrentes ou cooperadores nesse empreendimento e reconhecer nossa herança de artes e práticas, incluindo uma linguagem comum, como instrumentos valiosos para satisfazer desejos — tudo isso é, inquestionavelmente, *um* autoentendimento. Isso oferece *uma* resposta à pergunta «quem sou eu?». E, de fato, há quem nos convença de que isso é tudo que sabemos ou podemos saber sobre nós mesmos e que todos os outros pensamentos que os seres humanos têm sobre si mesmos e o mundo são fantasias ociosas e que todas as outras relações são reflexos irreais dessa relação. Mas eles se contradizem. Ao supostamente fazer uma afirmação verdadeira sobre seres humanos e suas relações, eles se identificam como algo além de meros perseguidores de satisfações contingentes; presumem uma relação entre si mesmos e aqueles a quem se dirigem que não é a de exploradores dos recursos da terra, mas a de pessoas capazes de considerar a verdade ou mentira de um teorema.[3]

Porém, seja como for, é inquestionável que seres humanos, sem negar sua identidade de exploradores de recursos da terra, sempre se viram como algo diferente disso e têm sido incansáveis em sua busca por essas outras

---

3 Quando identificou seres humanos como exploradores dos recursos da terra e a linguagem como um meio de comunicar informação sobre desejos, Francis Bacon acrescentou que essa identidade havia sido imposta a nós por Deus — portanto identificando seres humanos *também* em relação a Deus. Mesmo Karl Marx, incoerentemente, reconhece algo chamado investigação «científica», independente das condições atuais do empreendimento produtivo.

identidades. Eles já se envolveram em múltiplas atividades além dessa — aventuras de questionamento intelectual, de discernimento moral e de insights emocionais e imaginativos; exploraram uma vasta variedade de relações além dessa — morais, intelectuais, emocionais, civis; e perceberam, vaga ou claramente, que essa identidade de exploradores dos recursos da terra não só é passageira e insubstancial quando colocada ao lado das demais, como também é condicionada por elas. Reconheceram que essas compreensões de si mesmos e essas avaliações de acontecimentos, assim como tudo mais que é humano, são elas mesmas invenções humanas e podem ser aproveitadas apenas quando há aprendizado. Mesmo nas mais difíceis circunstâncias, sobrecarregados pelas exigências do momento (a vida nas caravanas dos pioneiros, por exemplo), eles levaram consigo essas identidades e as transmitiram a seus filhos, ainda que apenas por meio de músicas e histórias. Sempre que houve a oportunidade, eles criaram lugares especiais e ocasiões dedicadas a esse aprendizado, e até recentemente escolas e universidades eram os lugares próprios para isso, protegidos o suficiente das exigências da utilidade para se concentrarem em seu interesse por essas aventuras e expressões do autoconhecimento humano.

3

Isso, então, é o que nos interessa: aventuras no autoconhecimento humano. Não a afirmação crua segundo a qual um ser humano é uma inteligência autoconsciente, reflexiva e que não vive só de pão, mas as verdadeiras investigações, falas e ações nas quais os seres humanos expressaram sua compreensão da condição humana. Isso é o cerne daquilo que veio a ser chamado de educação «liberal» — «liberal» por estar livre da necessidade de satisfazer desejos contingentes.

Mas por que devemos nos ocupar disso? Se tentasse oferecer informações confiáveis sobre a «natureza humana», nossa busca seria inteligível. Mas não é disso que se trata. Não existe uma «natureza humana»; existem apenas homens, mulheres e crianças respondendo alegre ou relutantemente, de maneira refletida ou nem tanto, à provação da consciência, que só existe em termos de autocompreensões. E ser um humano também não é em si uma habilidade instrumental especial como a de um engenheiro eletricista. E se nosso interesse é pela autocompreensão humana, por que toda essa parafernália do aprendizado? Isso não é algo que todos nós fazemos por conta própria? Sim, em termos humanos, cada um de nós faz a si mesmo; mas não a partir do nada, e não à luz da natureza. O mundo está repleto de seres humanos que se fizeram em casa, mas eles são frágeis construções de impulsos prestes a desmoronar naquilo que se chama «crise de identidade». Ser humano é uma aventura histórica que vem ocorrendo desde que a terra emergiu do mar, e estamos interessados nessa parafernália do aprendizado porque esse é o único modo que temos para participar dessa aventura. A antiga exortação grega, "conhece-te a ti mesmo", significava *aprende* a conhecer a ti mesmo. Não era uma exortação para comprar um livro sobre psicologia e estudá-lo; mas contemplar e aprender com o que os homens, de tempos em tempos, haviam feito dessa tarefa de aprender a ser humano.

A autocompreensão humana é, portanto, inseparável de aprender a participar daquilo que se chama «cultura». É útil ter uma palavra que represente tudo aquilo que um conjunto de seres humanos associados criou para si mesmos além da fugaz satisfação de seus desejos, mas não devemos nos deixar equivocar. Uma cultura não é uma doutrina ou um conjunto de ensinamentos ou conclusões coerentes sobre a vida humana. Não é algo que possamos colocar diante de nós como o objeto do aprendizado, assim como não podemos colocar a autocompreensão diante de nós como algo a ser aprendido; trata-se daquilo que se aprende em tudo o que podemos aprender. Uma cultura, particularmente uma cultura como a nossa, é uma continuidade de sentimentos, percepções, ideias, compromissos, atitudes e assim por diante, que fazem pressões em diferentes direções, muitas vezes críticas umas em relação às outras e relacionadas entre si de modo contingente compondo não uma doutrina, mas aquilo a que chamarei de «encontro conversacional». A nossa cultura, por exemplo, acomoda não só a lira de Apolo como também as flautas de Pan, o apelo da vida selvagem; não só o poeta como o físico; não só a metrópole majestosa da teologia agostiniana como também a «floresta» do cristianismo franciscano. Uma cultura abrange jornadas intelectuais e emocionais inacabadas, expedições hoje abandonadas mas que conhecemos pelos mapas em frangalhos deixados para trás pelos exploradores; é composta de aventuras alegres, de relações inventadas e exploradas em proezas ou dramas, de mitos e histórias e poemas que expressam fragmentos de autocompreensão humana, de deuses adorados, de respostas à mutabilidade do mundo e de encontros com a morte. E ela chega até nós, como chegou a gerações antes de nós, nem como espécimes há muito tempo concluídos da aventura humana, nem como um acúmulo de realizações humanas que somos chamados a aceitar, mas como um múltiplo conjunto de convites para observar, ouvir e refletir. Aprender, aqui, não é meramente adquirir informação (*isso* produz apenas aquilo que Nietzsche chamava de «cultura filistina»), nem é meramente «aprimorar a mente»: é aprender a reconhecer alguns convites específicos para encontrar aventuras específicas na autocompreensão humana.

A cultura de um homem é uma contingência histórica, mas como isso é tudo o que ele tem seria tolice ignorá-la por não ser composta de verdades eternas. Ela é em si um fluxo contingente de aventuras intelectuais e emocionais, uma mescla do antigo e do novo em que o novo muitas vezes é uma volta ao passado para buscar aquilo que foi temporariamente esquecido; uma mescla do emergente e do recessivo; do substancial e do que é ligeiramente tênue, do lugar-comum, do refinado e do magnífico. Como o aprendizado não é, aqui, meramente tornar-se consciente de uma chamada herança cultural, mas encontrar e procurar entender alguns de seus convites específicos, um lugar especial dedicado a tal aprendizado se constitui apenas em termos daquilo que se acredita que há para aprender. Claro, essa crença em si é uma resposta àquilo que pode ser chamado de convites «educacionais» à cultura. Falar em ser «culturalmente condicionado» é tolice; um homem é sua cultura, e aquilo que ele é ele precisou aprender a se tornar.

4

Os intelectuais errantes que, no século XII, pegavam a estrada para Paris, Bolonha, Chartres ou Toulouse estavam, muitas vezes sem saber, buscando dentro das noções da época uma educação «liberal»; eles são nossos ancestrais nessa aventura. Você e eu nascemos no século XII e, embora tenhamos chegado bem longe, ainda trazemos as marcas da época de nosso nascimento. Mas quando dois séculos depois a expressão «estudos liberais» adquiriu um sentido específico, passou a designar um encontro com uma cultura algo remota que estava sendo lentamente resgatada depois de ter sido negligenciada — a cultura grega e latina da Antiguidade. Algumas conquistas dessa civilização antiga jamais tinham se perdido: o latim como meio de comunicação, algumas informações úteis (principalmente legais e médicas) e alguns textos notáveis. Mas a aventura educacional do século XIV surgiu de uma recuperação cada vez mais extensa dessa cultura quase perdida que não só revelou ter tido um grande esplendor intelectual, grande variedade e uma energia reflexiva como também mostrou ser uma cultura em que um homem do século XIV podia se identificar e que oferecia a ele uma riqueza de convites à exploração e ao autoconhecimento até então desconhecida: linguagens reconhecidas como investimentos no pensamento; literaturas épicas, dramáticas, líricas e históricas que davam uma nova dimensão aos relacionamentos, emoções, aspirações e à conduta humana; investigações (incluindo as dos primeiros teólogos do cristianismo) que sugeriam novas direções para a reflexão humana. Assim, o «aprendizado» era identificado com vir a entender os convites de uma vida humana exibidos em uma cultura histórica de notável esplendor e lucidez e com o convite a reconhecer a si mesmo em termos dessa cultura. Essa era uma educação que prometia e podia oferecer libertação do aqui e do agora dos compromissos cotidianos, da confusão, da crueza, do sentimentalismo, da pobreza intelectual e do pântano emocional da vida ordinária. E assim continua sendo até hoje. Essa educação precisou frequentemente ser resgatada do formalismo em que degenerou. Seu centro de gravidade deixou de ser a cultura da Antiguidade mas não se assentou com firmeza em nenhum outro lugar. Vimos, algumas vezes de maneira lamentável, fragmentos dessa educação desmoronarem, tendo perdido a força de seu interesse. Ela foi ampliada para incluir línguas novas e substanciais e literaturas vernáculas. Acomodou, com certa relutância, o novo tipo de investigação que ainda compreende a si mesmo impropriamente e que absorveu uma parte tão grande da energia intelectual dos tempos modernos — as ciências naturais.

Precisou resistir aos avanços sedutores de inimigos disfarçados de amigos. E qual é a sua situação atual?

A atividade sobreviveu. Não vivemos ainda nas cinzas de uma grande aventura que queimou até se extinguir. Sua autocompreensão não é hoje muito perceptível, sua autoconfiança varia e frequentemente é mal orientada, seu crédito foi ampliado e ela fez empréstimos quando teria sido melhor economizar, mas o que não lhe faltou foi um autoexame sério. A tocha continua acesa e ainda há algumas mãos para carregá-la. Mas não devo me demorar sobre sua vitalidade atual; nosso interesse está em seus males e naquilo que podemos considerar como autotraições — não para censurá-las mas para compreendê-las.

Sua autotraição mais ingênua é a de meramente ter ouvido a voz sedutora do mundo incitando-a, em nome da «relevância», a se ocupar de temas que lhe são estranhos e até mesmo a mudar seu caminho. Quando, assim como Ulisses, deveríamos ter coberto nossos ouvidos com cera e nos atado ao mastro de nossa própria identidade, fomos seduzidos não apenas por palavras, mas também por incitações. Abrir uma Faculdade de Administração, assumir o treinamento de jornalistas ou de advogados que defendem corporações parecem concessões bastante inocentes à modernidade; elas podem ser defendidas por meio do ilusório argumento de que essas atividades certamente envolvem aprendizado: dão a um lugar dedicado à educação liberal uma atraente imagem de «relevância», e a deturpação envolvida pode ser desprezada como irrelevante. Os fatos, contudo, dificilmente confirmam esse otimismo. Sem um lugar adequado na educação liberal, essas divergências encantadoras são difíceis de conter; embora não ataquem a atividade educacional, elas o minam. Sua virtude é a de serem temporárias e contemporâneas; se não estiverem atualizadas, não têm qualquer valor. E essa modernidade ilimitada deixa suas marcas no correto interesse pelos idiomas, levando ao estudo de literaturas e histórias unicamente em função daquilo que há de atual em uma cultura. A história é reduzida àquilo que se chama história contemporânea, as línguas passam a ser reconhecidas como meios de comunicação contemporânea, e na literatura o livro que «verbaliza aquilo que todos estão pensando agora» passa a ter preferência, nessa versão, a todo o resto.

Porém, o verdadeiro ataque à educação liberal vem de outra direção. Não vem da arriscada iniciativa de equipar aprendizes para alguma profissão, muitas vezes escolhida prematuramente, mas sim da crença de que a «relevância» exige que todo aprendiz seja reconhecido como nada além de alguém que representa um papel em um chamado «sistema social» e a consequente rendição da educação (que é uma ocupação de pessoas individuais) à «socialização»: a doutrina que determina que, sendo o aqui e agora de hoje muito mais uniformes do que eram antes, a educação deveria reconhecer e promover essa uniformidade. Essa não é uma autotraição recente; ela é o tema daquelas maravilhosas palestras de Nietzsche sobre o *Futuro de Nossas Instituições Educacionais* feitas na Basileia há um século, em que ele previu o colapso que hoje nos ameaça. E embora isso possa parecer basicamente uma questão de doutrina, meramente ligada ao modo como se pensa na educação e nela se fala, e que tem muito pouco a ver com aquilo que realmente ocorre em um lugar de educação, trata-se da mais insidiosa de todas as deturpações. Ela não apenas atinge o coração da educação liberal como pressagia a abolição do homem.

No entanto, se essas são subversões mais cruas da educação liberal, há outras, mais sutis, porém dificilmente menos prejudiciais. Passou-se a pensar em uma educação «geral»; ou seja, uma educação livre não apenas do aqui e agora dos compromissos cotidianos como também livre de qualquer preocupação imediata com o aprendizado de algo específico. Diz-se aqui que a educação é «aprender a pensar por conta própria» ou o cultivo da «inteligência» ou de certas aptidões intelectuais e morais — a capacidade de «pensar de modo lógico» ou «deliberativo», a capacidade de não ser enganado pela irrelevância de um argumento, de ser corajoso, paciente, cuidadoso, preciso ou determinado; a capacidade de ler com atenção e falar com lucidez, e assim por diante. E, é claro, todas essas são aptidões e virtudes, dentre outras, que um aprendiz possa esperar obter ou aprimorar. Porém nem elas nem a autocompreensão em si podem ser o objeto da educação. Uma cultura não é um conjunto de aptidões abstratas; ela é composta de expressões substantivas de pensamento, emoção, crença, opinião, aprovação e desaprovação, de discernimentos morais e intelectuais, de pesquisas e investigações, e aprender é passar a compreender e a responder a essas expressões substantivas de pensamento como convites a pensar e a crer. Ou essa palavra «geral» é usada para identificar e recomendar uma educação ocupada, na realidade, com a substância de uma cultura, porém a tal ponto ansiosa que tudo deve receber menção, o que não permite mais do que um rápido vislumbre de qualquer coisa em particular. Aqui a educação equivale a pouco mais do que reconhecimento; ela jamais atinge o nível de um encontro. É o aparelhamento vago e fragmentado de um «filisteu cultural».

Contudo, um lugar de educação liberal dificilmente deixará de contar com um molde que tenha a pretensão de especificar aquilo que deve ser aprendido. E seu molde atual na maioria de tais lugares dá testemunho tanto da antiga linhagem do compromisso quanto das mudanças pelas quais nossa cultura passou em séculos recentes. As ciências naturais, as matemáticas, as humanidades e as ciências sociais — esses são os contornos dessa educação na forma como ela chega até nós hoje. Pensemos brevemente sobre esses componentes.

A educação liberal é a educação que responde aos convites de grandes aventuras intelectuais em que os seres humanos vieram a demonstrar suas várias compreensões do mundo e de si mesmos. As ciências naturais, antes de serem assim reconhecidas, tinham não só de oferecer algo específico capaz de ser aprendido como também precisavam apresentar a si mesmas como uma investigação ou como um modo humano de compreensão característicos. Isso significa dizer que elas precisavam ter a aparência de algo muito além de informações um tanto misteriosas sobre o mundo natural que nenhum homem instruído deveria deixar de ter, e como algo muito abaixo de uma compreensão incondicional ou definitiva do mundo. A respeito da primeira questão, elas tiveram amplo êxito: toda ciência natural hoje se apresenta ao aprendiz como um conjunto relacionado de teoremas que convida à compreensão crítica. A respeito da segunda questão elas tiveram dificuldades, não por qualquer autoengano inerente, mas sim por duas circunstâncias infelizes: uma delas é o vestígio de uma disposição a se valorizar em termos do uso que possa ser feito das conclusões de suas investigações. Isso, em um lugar de educação liberal, por vezes tem levado à proliferação daquilo que podemos chamar de «semiciências» — organizações de informação em termos do uso que pode ser feito delas. Mas esse não é um obstáculo muito expressivo. O estorvo maior vem de algumas reivindicações absurdas feitas por outros em seu nome: a afirmação de que essas ciências em si só compõem uma cultura à parte (a tola doutrina das «duas culturas»); a reivindicação segundo a qual elas representam «a verdade» (até o ponto em que foi descoberta) sobre o mundo; e a reivindicação de que elas constituem o modelo de toda compreensão humana válida — uma reivindicação que teve consequências desastrosas em outros lugares. Apesar desses obstáculos, as ciências naturais conquistaram inquestionavelmente um lugar para si no projeto da educação liberal e sabem ocupá-lo. Sem dúvida, por exemplo, uma identidade biológica não é em si uma identidade humana, mas uma das significativas autocompreensões com que os seres humanos se depararam e que exploraram é a de pessoas interessadas em uma compreensão especificamente «científica» de si mesmas e do mundo.

Sobre as humanidades pouco preciso dizer. Elas se ocupam diretamente das expressões de autocompreensão humana e seu lugar na educação liberal é central e está assegurado: linguagens reconhecidas não como meios de comunicação contemporânea mas como investimentos no pensamento e registros de percepções e compreensões analógicas; literaturas reconhecidas como a exploração contemplativa das crenças, emoções, caracteres e relações humanas em situações imaginadas, livres das condições confusas, cheias de clichês e generalizadas dos lugares-comuns da vida e constituindo um mundo de expressões humanas ideais que não convidam nem à aprovação nem à desaprovação, mas à atenção e à compreensão precisa dos leitores; histórias reconhecidas não como relatos do passado focadas em nossos eus contemporâneos com a pretensão de nos dizer como viemos a ser o que somos e contendo mensagens de alerta ou encorajamento, mas sim como histórias em que as ações e as afirmações humanas são resgatadas do mistério e tornadas inteligíveis nos termos de suas relações contingentes; e a filosofia, o pensamento reflexivo em que toda suposta conquista da compreensão humana se torna objeto de uma investigação relativa à sua condição. Se alguma dessas ciências foi tirada de seu curso foi pelos ventos que sopram eternamente em torno da atividade da educação liberal, ameaçando seu isolamento do aqui e do agora ou jogando-a sobre as rochas das aptidões abstratas ou da socialização.

Mas e quanto ao componente mais jovem da educação liberal, as ciências sociais? Trata-se de uma miscelânea. Dentre elas podemos esperar encontrar a sociologia, a antropologia, a psicologia, a economia, talvez a teoria do direito e algo chamado «política». Elas pretendem se ocupar diretamente da conduta humana. São aquelas ciências que antes eram denominadas «ciências humanas» — *Geistewissenschaften* — para deixar mais claro que o interesse delas são os seres humanos como pessoas autoconscientes, inteligentes e que são o que compreendem ser, e não seres humanos no vago e indistinto sentido de organismos altamente desenvolvidos ou processos de mudanças químicas, que são objeto das ciências naturais. E até o ponto em que essas ciências humanas são o que se propõem a ser (o que não acontece em todos os casos) pareceria que elas pertencem adequadamente às «humanidades». Entretanto, atualmente elas são distintas; e se o projeto de diferenciá-las das «humanidades» tem sido um erro infeliz, os termos dessa distinção não são menos desastrosos. Esses termos estão especificados pelas palavras «ciência» e «social».

A palavra «social», claro, é uma farsa. É usada aqui para denotar uma investigação sobre a conduta humana ocupada não com ações e afirmações substantivas, mas com relacionamentos, associações e práticas em que os seres humanos tomam parte. Esse foco na atenção não é, em si, deturpador. É nele que a maior parte das histórias do direito está centrada; e é esse o centro, por exemplo, da *História Constitucional da Inglaterra*, de Maitland, que segundo ele nos diz pretende ser um relato não das disputas humanas, mas dos resultados das disputas humanas na mudança constitucional. Mas ele é escolhido aqui, e é rotulado como «social» para que se diga (ou sugira) que os seres humanos e suas realizações são o que são em termos desses relacionamentos, associações e práticas; e para sugerir, além disso, que esses relacionamentos e práticas não são instrumentos humanos, modos autônomos de se associar, cada um com suas próprias condições especificadas de relacionamento, mas sim que são os componentes de uma independência não especificada, incondicional, ou de um relacionamento «social», algo chamado «sociedade» ou «Sociedade». Em resumo, o que se quer dizer é que esse relacionamento «social» não especificado é a condição, talvez o determinante, de toda conduta humana e ao qual toda ação e afirmação humana devem estar relacionados para que possamos compreendê-las. Substituir a palavra «humano» pela palavra «social» é entregar-se a uma confusão: a conduta humana jamais é meramente uma subscrição a uma prática ou a um relacionamento, e não existe um relacionamento que seja incondicionalmente «social». Essa confusão tem como parceira um desvirtuamento comum de nossa língua em que a palavra social se tornou o centro de uma ambiguidade infinita. John Selden, no século XVII, disse sobre a expressão *scrutamini scripturas*, «essas duas palavras arruinaram o mundo»; uma única palavra bastou para arruinar nosso mais bruto século XX.

Pode-se, no entanto, supor que ao conectar a palavra «ciência» à palavra «social» fez-se algo para resgatar sua precisão. Mas o resultado dessa ligação foi o acréscimo de uma desastrosa confusão categórica àquilo que não precisaria ser mais do que uma parcialidade permissível na análise da conduta humana. Pois a palavra «ciência» nesse contexto pretende indicar uma ciência natural da conduta humana; ou seja, pretende se referir à investigação das ações e afirmações e práticas e relações humanas a que elas possam se subscrever como se fossem componentes não inteligentes de um «processo», ou os elementos funcionais de um «sistema», que não têm de aprender seus papéis para poder desempenhá-los. A intenção aqui é retirar as ações e afirmações humanas da categoria de atividades inteligentes (ou seja, respostas escolhidas de agentes autoconscientes às suas situações compreendidas que têm razões, mas não causas, e que só podem ser compreendidas em termos de disposições, crenças, significados, intenções e motivos); colocá-las na categoria de exemplos da operação de regularidades que não precisam ser aprendidas para serem observadas; e remover práticas, relações e associações humanas, dentre outras atividades, da categoria de procedimentos cujas condições precisam ser aprendidas e compreendidas para que possa haver subscrição a elas e às quais só se pode subscrever em ações e afirmações autoescolhidas, e colocá-las na categoria de «processos». Regras são equivocadamente compreendidas como regularidades, piscadelas inteligentes como piscadas fisiológicas, conduta como «comportamento» e relações contingentes como conexões causais ou sistemáticas.

Esse projeto de reunir um grupo de investigações respeitáveis sob a rubrica de «ciências sociais» e a tentativa de impor esse caráter ambíguo a elas não foi aceito universalmente, mas foi longe o bastante para prejudicar profundamente a educação liberal. Nenhum outro fracasso de autocompreensão nas humanidades gerou tal confusão. O dano é ainda maior porque, ao colocar a máscara de «ciência», alguns desses departamentos sucumbiram à tentação de compreender a si mesmos em termos do uso que possa ser feito das conclusões de suas investigações e de usar isso como medição de seu valor. Seu reconhecimento como o equipamento adequado para novos empreendimentos tecnológicos e para a nova profissão de «cientista social» que se multiplica rapidamente desvirtuou a educação liberal. Mas isso não significa que, individualmente, e quando adequadamente reconhecidas como *Geisteswissenschaften*, elas não tenham um lugar apropriado na educação liberal; só quer dizer que elas foram identificadas de maneira incorreta. A teoria do Direito, até ser confundida com um insípido interesse pelas chamadas necessidades sociais e psicológicas e se tornar parte do equipamento dos «engenheiros sociais», era uma investigação filosófica profunda, um dos mais antigos e respeitados componentes da educação liberal. A sociologia e a antropologia são atividades respeitáveis e um tanto atenuadas de compreensão histórica; elas se ocupam das práticas, dos procedimentos, das associações humanas e assim por diante, de suas relações contingentes e de ações e afirmações humanas em termos de suas subscrições às condições das práticas. A psicologia há muito se declarou uma ciência «natural», não «humana». Ela não se ocupa de pensamentos, crenças, emoções, lembranças, ações e falas humanas, mas dos chamados «processos mentais» que estão vulneráveis a uma redução a processos genéticos e químicos.

5

Deixando de lado atividades de aprendizado que não têm um lugar apropriado em uma educação liberal, há, então, departamentos de educação liberal em que a autoconsciência ainda não se transformou na autocompreensão de que dependem as investigações e as afirmações autênticas. Mas a consideração mais séria para qualquer um que analise a situação atual da educação liberal são os termos de autocompreensão da própria atividade.

Ao surgir na Europa Ocidental, a educação liberal foi compreendida como um interesse em explorar os convites da cultura da Antiguidade, de colocar diante dos aprendizes o espelho dessa cultura de modo que, ao se verem refletidos, eles pudessem ampliar o escopo e a profundidade da compreensão que tinham de si mesmos. Esse idioma da autocompreensão da educação liberal jamais foi muito satisfatório; era substancial, não formal, e há muito tempo deixou de existir. Ele foi sucedido por outras autoidentificações, igualmente substanciais. Por exemplo, quando eu era jovem, imaginava-se (ou pelo menos se sugeria) que a educação liberal como um todo podia ser adequadamente compreendida em termos de um estudo ampliado da geografia: incitava-se a educação liberal a encontrar o centro de sua atenção no «homem geográfico». E desde então nos familiarizamos com uma reivindicação desse gênero feita em nome da sociologia. Se nem todo departamento da educação liberal deve se transformar em sociologia (a filosofia em sociologia do conhecimento, a teoria do direito em sociologia do direito e assim por diante), então, no mínimo, nenhum departamento é o que deve ser a menos que se acrescente a ele a sociologia. Essas, evidentemente, são noções fantasiosas, mas não deixam de ser convincentes meramente em função de sua implausibilidade contingente. Elas são inaceitáveis porque a identificação da educação liberal que elas sugerem é do tipo errado. A autocompreensão da educação liberal deve, penso eu, ser procurada no reconhecimento de que as investigações que a compõem, apesar de suas diferenças substanciais, têm em comum um caráter formal e estão relacionadas uma à outra de um modo compatível com esse caráter formal.

Já sugeri que aquilo que une os componentes de uma educação liberal — e, por outro lado, os distinguem daquilo que não pertence apropriadamente a ela — é a «liberalidade»; ou seja, seu interesse por aquilo que Valéry chama de *le prix de la vie humaine*,[4] e sua emancipação em relação ao aqui e ao agora da vida cotidiana. Porém, além dessa consideração geral, esses componentes podem ser separados e compreendidos como várias linguagens diferentes: a linguagem das ciências naturais, por exemplo, a linguagem da história, a linguagem da filosofia ou a linguagem da imaginação poética.

Em um sentido mais comum, linguagens são organizações de considerações gramaticais e sintáticas ou de regras a serem levadas em conta e às quais obedecemos ao fazer enunciados. Essas considerações não determinam os enunciados feitos nem mesmo como deve ser sua subscrição. Essa decisão cabe ao falante, que não só tem algo próprio a dizer como pode ter também um estilo próprio. Claro, nenhuma linguagem assim jamais foi posta além do alcance das modificações; falar fazendo uso dela é uma tarefa linguisticamente inventiva. As condições impostas aos enunciados por essas linguagens de compreensão constituem não apenas idiomas linguísticos como também modos particulares condicionais de compreensão. Aprender aqui significa aprender a reconhecer e a discernir entre essas linguagens de compreensão, significa se familiarizar com as

....

4 «*Tout de qui fait le prix de la vie est curieusement inutile.*»

condições que cada uma impõe aos enunciados e aprender a fazer enunciados cuja virtude não está em expressar ideias originais (isso raramente será alcançado), mas sim em exibir uma genuína compreensão da linguagem falada. É por isso que podemos reconhecer que um aprendiz compreende uma linguagem como a da compreensão filosófica ou histórica sem que seja ainda um filósofo ou um historiador; e também que um professor tem algo em que pode iniciar um aprendiz sem se tratar de uma doutrina. Porém, como nenhuma dessas linguagens de compreensão foi inventada ontem e como todas são a exploração contínua de suas próprias possibilidades, um aprendiz não pode esperar aquilo que busca caso lide apenas com enunciados contemporâneos. Essas linguagens de compreensão, como outras linguagens, são conhecidas apenas em literaturas.

Estou sugerindo, portanto, que do ponto de vista da educação liberal, uma cultura não é uma mistura de crenças, percepções, ideias, sentimentos e compromissos. Mas pode ser reconhecida como uma variedade de linguagens distintas de compreensão, e seus estímulos são convites para que nos familiarizemos com essas linguagens, aprendendo a discernir entre elas e a reconhecê-las não meramente como modos diversos de compreensão do mundo, mas como as expressões mais substanciais que temos da autocompreensão humana.

No entanto, a identidade de uma cultura e da educação liberal permanece obscura até que tenhamos algumas concepções do relacionamento entre seus componentes. Cada uma dessas linguagens constitui os termos de uma compreensão distinta, condicional do mundo e um idioma igualmente distinto da autocompreensão humana. Sua virtude é serem diferentes umas das outras, e essa diferença é intrínseca. Cada uma delas está segura em sua autonomia desde que conheça a si mesma e permaneça fiel a ela. Todas elas podem fracassar, mas esse fracasso é sempre uma derrota autoimposta que surge da autocompreensão imperfeita ou da não observância de suas próprias condições. Elas podem não ser todas igualmente interessantes e podem concorrer pela nossa atenção, mas não são inerentemente contenciosas e são incapazes de refutar umas às outras. Portanto, sua relação não pode ser aquela de partes em um debate; não se obtém uma discussão ao colocá-las uma ao lado da outra. Além disso, elas não são graus diferentes de divergência em relação a alguma compreensão especulativa incondicional do mundo: a relação entre elas não é hierárquica, e também não é uma relação cooperativa ou transacional. Elas não são parceiras em uma atividade comum, cada qual com um papel a desempenhar, nem são provedoras das necessidades umas das outras. O que resta, então?

Talvez possamos pensar nesses componentes de uma cultura como vozes, cada uma delas sendo a expressão de uma compreensão do mundo distinta e condicional e um idioma distinto da autocompreensão humana, e na cultura em si como a união dessas vozes, do único modo como essas vozes poderiam se unir, em uma conversa — uma infinita aventura intelectual não ensaiada em que, em nossa imaginação, acessamos uma variedade de modos de compreensão do mundo e de nós mesmos e não ficamos desconcertados pelas diferenças nem desanimados pela falta de conclusão que resulta de tudo isso. E talvez possamos reconhecer a educação liberal, acima de tudo, como uma educação na imaginação, uma iniciação na arte dessa conversa em que aprendemos a reconhecer as vozes, a distinguir seus diferentes modos de enunciado, a adquirir os hábitos intelectuais e morais apropriados para esse relacionamento conversacional e assim fazer nosso *début dans la vie humaine*.

6

A educação liberal é uma atividade difícil. Depende de uma compreensão de si mesmo que é sempre imperfeita — e mesmo aqueles que estiveram à frente de seu surgimento sabiam muito pouco o que estavam fazendo. Depende, também, de uma autoconfiança que é facilmente abalada inclusive pelo contínuo autoexame. É um convite deveras inesperado desembaraçar-se do aqui e do agora dos acontecimentos e dos compromissos cotidianos, a desconectar-se das urgências do local e do contemporâneo, a explorar e desfrutar da liberdade de não ter de considerar as coisas em termos de suas características contingentes, as crenças em termos de suas aplicações a situações contingentes e as pessoas em termos de sua utilidade contingente; um convite a se ocupar não do emprego daquilo que é familiar, mas de compreender aquilo que ainda não foi compreendido. Uma universidade como um local de aprendizado liberal só pode prosperar caso aqueles que a procuram estejam dispostos a reconhecer e a identificar seu convite particular ao aprendizado. Seu problema atual é que hoje em dia há muitas coisas obstruindo essa disposição.

Não faz tanto tempo, houve uma época em que a educação liberal era não exatamente mais compreendida, mas reconhecida de modo mais amplo do que hoje e quando as circunstâncias importunas dos primeiros anos de criação de muitas pessoas (e não apenas dos mais privilegiados) eram tais que não chegavam a se colocar no caminho do reconhecimento desse convite. Eram, na verdade, circunstâncias em que os locais onde as pessoas nasciam e cresciam eram mais isolados do que hoje e certamente eram empolgantes de uma maneira mais superficial. As experiências memoráveis eram mais raras e menores, havia mudanças mas tudo se movia num ritmo mais lento; a vida podia ser difícil, mas essa vida corrida e competitiva que conhecemos hoje estava ainda em seus primeiros passos. Eram circunstâncias também limitadas, que geravam pouco interesse pelo que podia estar acontecendo fora da localidade e nenhum interesse pelos assuntos internacionais. Mas eram circunstâncias intelectualmente inocentes, mais do que tediosas; menos sobrecarregadas, mais do que ociosas. Isso porque era notável nesses contextos a ausência de produtos feitos em série ou das opressivas uniformidades de pensamento ou atitude ou conduta. Se eram mais raras, as experiências eram levadas mais longe; se eram menores, invocavam uma ampliação imaginativa. O mundo natural jamais esteve tão distante quanto hoje está e havia permissão para que a resposta a ele fosse ingênua e organizada, uma resposta de deslumbramento e deleite. Em tudo isso, a escola era importante; mas era um lugar à parte. Frequentemente lembro aquela frase memorável da autobiografia de sir Ernest Barker: «Fora do chalé, tudo o que eu tinha era a minha escola; mas tendo a minha escola eu tinha tudo». Lá, na escola, as estreitas fronteiras do local e do contemporâneo eram postas de lado para revelar não o que pudesse estar acontecendo na cidade ou no vilarejo mais próximos, no Parlamento ou nas Nações Unidas, mas um mundo de coisas e pessoas e acontecimentos, de linguagens e crenças, de enunciados e visões e sons além de toda a imaginação e aos quais nem o mais tolo podia permanecer completamente indiferente. O caminho era difícil; não havia nada que se obtivesse sem que antes fosse necessário aprender a obtê-lo, e compreendia-se que ninguém ia à escola para desfrutar do tipo de felicidade que se poderia obter deitado ao sol. E quando, com os dedos borrados de tinta, um aluno abria a mochila para fazer a lição de casa, ele tirava dela 3 mil anos de felicidades e infelicidades da aventura intelectual humana. Também seria improvável que lhe ocorresse a pergunta de o que os sofrimentos de Jó, os silenciosos navios saindo de Tênedos à luz da lua, o terror, a complicação e a tristeza da vida humana revelados em um drama de Shakespeare ou Racine, ou mesmo a composição da água tinham a ver com *ele*, nascido às margens do Wabash, nas colinas de Cumberland, em um subúrbio de Dresden ou em uma favela de Nápoles. Ou ele jamais pensava nessa questão, ou reconhecia vagamente essas coisas como imagens de uma autocompreensão humana que cabia a ele apreender. Tudo muito inocente, talvez até mesmo crédulo; e em muitos casos tudo era logo sobreposto pelas urgências dos compromissos atuais. Mas independentemente de serem apreciadas apenas na superfície, essas não eram circunstâncias que geravam uma resistência positiva ao convite de uma educação liberal em uma universidade. Na verdade, a própria inocência deles nutria uma disposição para esse reconhecimento.

Essas circunstâncias já não existem para nós. O modo como vivemos hoje, embora possa conter notáveis vestígios dessa condição anterior, é diferente. O mundo em que muitas crianças crescem hoje é abarrotado não necessariamente de ocupantes e certamente não de experiências memoráveis, mas de acontecimentos; trata-se de um fluxo incessante de trivialidades sedutoras que não convocam nem à reflexão nem à escolha, mas a uma participação instantânea. Uma criança rapidamente toma consciência de que nunca é cedo demais para mergulhar nesse fluxo ou imergir nele; parar é ser tomado pelo terrível medo de não ter vivido. As chances de que as suas percepções, emoções, admirações e prontas indignações possam se tornar respostas eruditas ou mesmo inocentes caprichos são pequenas; elas chegam à criança pré-fabricadas, generalizadas e uniformes.

A criança cambaleia de uma conformidade em vigência para a próxima, ou de um guru em evidência para seu sucessor, procurando perder-se em uma solidariedade composta de réplicas precisas dele mesmo. Desde os primeiros anos as crianças acreditam estar bem informadas sobre o mundo, mas elas o conhecem apenas de segunda mão nas imagens e vozes que estão à sua volta. O mundo não traz enigmas ou mistérios para elas; não as convida nem a uma atenção cuidadosa, nem à compreensão. É possível que elas pensem na lua como algo em que se deva atirar ou que deve ser ocupada antes de terem a chance de se deslumbrarem com ela. Esse mundo tem apenas uma linguagem, logo aprendida: a linguagem do apetite. O idioma pode ser o da exploração dos recursos da terra, ou pode ser o da busca por algo em troca de nada; mas essa distinção não faz diferença. Trata-se de uma linguagem composta de clichês vazios. Ela permite apenas a expressão de «pontos de vista» e da infinita repetição de slogans a que se adere como se fossem enunciados proféticos. Seus ouvidos estão tomados pela babel de convites a reações instantâneas e não especificadas, e seus enunciados reproduzem apenas aquilo que elas ouviram ser dito. Esse discurso lembra um cão que late para o eco de seu próprio latido. Nessas circunstâncias, a escola é notavelmente desimportante. Em grande medida ela capitulou desistindo de seu caráter de lugar à parte onde enunciados de outro tipo podem ser ouvidos e linguagens alheias à linguagem do apetite podem ser aprendidas. Ela não pode se permitir o isolamento, não oferece libertação. Sua mobília são os brinquedos com que já estão familiarizados aqueles que chegam a ela. Suas virtudes e seus vícios são os mesmos do mundo à sua volta.

Essas, portanto, são circunstâncias hostis a uma disposição para que se reconheça o convite da educação liberal, ou seja, o convite a se desemaranhar, temporariamente, das urgências do aqui e do agora e para escutar a conversa em que muitos seres humanos buscam eternamente compreender a si mesmos. Como pode uma universidade responder à atual aversão ao isolamento, à crença hoje comum de que há outros meios melhores de se tornar humano do que aprendendo a fazer isso, e ao desejo impulsivo de receber uma doutrina ou de ser socializado de acordo com uma fórmula em vez de ser iniciado em uma conversa? Creio que não será procurando pretextos para aquilo que por vezes parecem ser rendições inevitáveis, nem em nenhum grande gesto de desafio, mas em uma silenciosa recusa a se comprometer que vem apenas por meio da autocompreensão. Devemos lembrar quem nós somos: habitantes de um lugar de educação liberal.

Ensino e aprendizado
1965

O aprendizado é a atividade abrangente por meio da qual passamos a nos conhecer e a conhecer o mundo à nossa volta. É uma atividade paradoxal: trata-se de fazer e se submeter ao mesmo tempo, e seus resultados variam de meramente estar consciente àquilo que pode ser chamado de compreender e ser capaz de explicar.

Em cada um de nós, essa atividade começa ao nascer. Ela não ocorre em um mundo abstrato ideal, mas no mundo local que habitamos; para o indivíduo ela acaba apenas com a morte; para uma civilização, acaba com o colapso da maneira característica de viver; e para a espécie ela é, em princípio, interminável.

A atividade do aprendizado pode, no entanto, ser suspensa de tempos em tempos enquanto desfrutamos daquilo que aprendemos. A distinção entre um motorista e um aprendiz de motorista não é irrelevante; um mestre da alfaiataria fazendo um terno é diferente de aprender a fazer um terno. Mas a suspensão nunca é, talvez, decisiva ou completa: o aprendizado em si frequentemente significa praticar aquilo que em algum sentido já aprendemos, e provavelmente existe um componente de aprendizado em todo desempenho notável. Além disso, algumas atividades, como as investigações intelectuais, permanecem sempre atividades de aprendizado.

Por aprendizado me refiro a uma atividade possível apenas para uma Inteligência capaz de escolha e autodirecionamento em relação a seus próprios impulsos e ao mundo à sua volta. Essas, é claro, são características marcadamente humanas e, do modo como entendo, apenas seres humanos são capazes de aprendizado. Um aprendiz não é um recipiente passivo de impressões, nem é alguém cujas realizações brotam de meras reações às circunstâncias, nem é alguém que deixa de tentar aquilo que não sabe como realizar. Um aprendiz é uma criatura de desejos mais do que de necessidades, de recordações tanto quanto de memórias; ele quer saber o que pensar e em que acreditar e não meramente o que fazer. O aprendizado se ocupa da conduta, não do comportamento. Em resumo, essas analogias de argila e cera, de receptáculos a serem preenchidos e salas vazias a serem mobiliadas não têm nada a ver com o aprendizado e os aprendizes.

Não quero dizer que a atenção de um aprendiz esteja sempre concentrada em compreender e ser capaz de explicar, ou que não se possa aprender nada sem compreender; tampouco quero dizer que seres humanos sejam aprendizes singularmente predestinados independentemente de suas circunstâncias. Estou dizendo apenas que uma atividade que possa incluir compreender e ser capaz de explicar é diferente, não apenas quanto a isso, mas em todas as suas demais realizações, de outra em que essa possibilidade seja negada.

Ensinar é uma atividade prática em que uma pessoa «ilustrada» (para usar um arcaísmo) «ilustra» seus alunos. Sem dúvida pode-se dizer apropriadamente que alguém aprende com os livros, olhando para o céu ou escutando as ondas (desde que a disposição da pessoa seja aquela mescla de atividade e submissão a que chamamos curiosidade), mas dizer que o livro, o céu ou o mar nos ensinou algo, ou que nós ensinamos algo a nós mesmos, é falar na linguagem da metáfora infeliz. A contraparte do professor não é o aprendiz em geral, mas o aluno. E estou interessado no aprendiz como aluno, alguém que aprende com um professor, alguém que aprende sendo ensinado. Isso não significa que eu me filie ao preconceito que atribui todo o aprendizado ao ensino; significa apenas que estou interessado aqui no aprendizado como contraparte do ensino.

A atividade do professor é, portanto, especificada em primeiro lugar pelo caráter de seu par. O governante tem como par o cidadão, o par do médico é seu paciente, o do senhor é seu criado, a preceptora tem como par aquelas crianças que lhe foram encarregadas, o par do advogado é seu cliente, o do profeta é seu discípulo, o do palhaço é sua plateia, o do hipnólogo é o hipnotizado, e tanto o domador quanto o treinador têm como pares criaturas cujas aptidões são as de serem domadas ou treinadas. Cada um desses está envolvido em uma atividade prática, mas que não é o ensino; cada um tem um par, mas esse par não é um aluno. Ensinar não é domar, governar, restabelecer a saúde, condicionar ou comandar, porque nenhuma dessas atividades é possível com relação a um aluno. Assim como o governante, ou o hipnólogo, o professor comunica algo a seu par; sua peculiaridade é que aquilo que ele comunica é adequado para alguém que tenha como par um aluno — é algo que só pode ser recebido ao ser aprendido. E, creio, não pode haver dúvida sobre o que seja isso.

Todo ser humano nasce herdeiro de uma herança da qual pode se tornar sucessor apenas através de um processo de aprendizado. Caso sua herança fosse uma propriedade composta de florestas e campinas, um chalé em Veneza, uma parte de Pimlico e uma rede de armazéns, o herdeiro poderia esperar se apropriar dela automaticamente, por ocasião da morte de seu pai ou ao chegar à maioridade. Ela lhe seria transmitida por advogados, e o máximo que se exigiria dele seria reconhecimento legal.

Porém, a herança de que falo não é exatamente assim; e, na verdade, as coisas não são exatamente como fiz parecer. Aquilo de que todo homem nasce herdeiro é uma herança de realizações humanas; uma herança de sentimentos, emoções, imagens, visões, pensamentos, crenças, ideias, compreensões, empreendimentos intelectuais e práticos, linguagens, relacionamentos, organizações, cânones e máximas de conduta, procedimentos, rituais, habilidade, obras de arte, livros, composições musicais, ferramentas, artefatos e utensílios — em resumo, aquilo a que Dilthey chamou de *geistige Welt*.

Os componentes desse mundo não são abstrações («objetos físicos»), mas crenças. É um mundo de fatos, não de «coisas»; de «expressões» que têm sentido e que exigem ser compreendidas porque são as «expressões» das mentes humanas. A propriedade rural em si pertence a esse mundo; na verdade, esse é o único mundo conhecido pelos seres humanos. Os céus estrelados e a lei moral são ambos realizações humanas. E trata-se de um mundo não porque tenha em si um significado (não tem), mas por se tratar de um todo de significados entrelaçados que estabelecem e interpretam um ao outro.

Só é possível entrar nesse mundo, possuí-lo e desfrutar dele em um processo de aprendizado. Um «quadro» pode ser comprado, mas não se pode comprar uma compreensão do quadro. E chamei esse mundo de «nossa herança comum» porque entrar nele é o único modo de se tornar um ser humano, e habitar nele é ser um humano. É nesse *geistige Welt* que a criança, mesmo nas suas primeiras aventuras de consciência, se inicia; e iniciar nele os seus alunos é o trabalho do professor. Não apenas só é possível entrar nesse mundo por meio do aprendizado como também não há mais nada para que o aluno aprenda. Se, de um ponto de vista, as analogias da cera e da argila são inadequadas para o aprendizado, de outro ponto de vista as analogias sobre macacos sagazes e cavalos treinados não são menos inapropriadas. Essas admiráveis criaturas não têm tal herança; elas só podem ser treinadas para reagir a estímulos e para realizar truques.[1]

....

1   Os cavalos a que me refiro são, é claro, aqueles de Elberfeld. Mas talvez valha lembrar que os

Existe uma imagem oriental da vida humana que reconhece esse relato de nossas circunstâncias. Nela acredita-se que a criança deve a vida física ao pai, uma dívida que deve ser reconhecida com o devido respeito. Mas a iniciação ao *geistige Welt* das realizações humanas se deve ao Sábio, ao professor: e essa dívida deve ser reconhecida com a mais profunda reverência — pois com quem um homem pode ter um débito maior do que com aquele a quem deve, não sua mera existência, mas sua participação na vida humana? É o Sábio, o professor, que é o agente da civilização. E, como disse o dr. Johnson, deixar de mencionar a escola e os professores dos homens ilustres é uma espécie de fraude histórica.

2

Grande parte do que tenho a dizer sobre aprender e ensinar está relacionado ao caráter do que é ensinado e aprendido e ao que isso implica para as atividades relacionadas.

---

antigos atenienses se deleitavam com os cavalos mais do que com quaisquer outros animais porque reconheciam neles uma afinidade com o homem e viam nos cavalos um animal singularmente capaz de ser educado. O cavalo não tinha herança *geistige* própria, mas (embora outros animais possam ser postos para trabalhar) o cavalo era capaz de compartilhar uma herança compartilhada com ele pelo homem. E, em parceria com um cavaleiro (como observou Xenofonte), ele podia adquirir talentos, realizar proezas e até mesmo chegar a uma graça de movimentos que é desconhecida para ele em sua condição «natural».

Porém, há duas considerações gerais, uma sobre o professor e outra sobre o aluno, que devo fazer antes.

É difícil pensar em alguma circunstância na qual se possa dizer que o aprendizado é impossível. Claro, em algumas condições ele ocorrerá com maior rapidez e com maior êxito do que em outras; porém, em princípio, ele não depende de nenhum grau específico de atenção, e não é incomum que a pessoa descubra ter aprendido sem saber quando isso aconteceu. Assim, as falas aleatórias de qualquer pessoa, mesmo que se trate de algum tolo ou ignorante, podem servir para instruir um aprendiz, que recebe delas tanto quanto esteja pronto para receber, e recebe muitas vezes aquilo que o falante não sabia ou não tinha consciência de estar comunicando.

Mas essas falas casuais não são ensino; e aquele que as enuncia ao acaso não é, estritamente falando, um professor. Ensinar é a iniciação deliberada e intencional de um aluno ao mundo das realizações humanas, ou a alguma parte dele. O professor é alguém cujas falas (ou silêncios) são pensadas para promover essa iniciação no que diz respeito a um aluno — ou seja, no que diz respeito a um aprendiz que ele reconhece como pronto para receber aquilo que ele decidiu comunicar. Em resumo, um aluno é um aprendiz reconhecido por um professor; e o ensino, estritamente falando, é impossível em sua ausência.

Isso, é claro, não significa que esse «estar pronto para receber» seja uma condição fácil de reconhecer, ou que deva ser identificada como a condição em que a recepção ocorrerá com maior facilidade. A máxima de Jean Paul Richter, segundo a qual ao ensinar uma criança de dois anos deve-se falar com ela como se ela tivesse seis, pode ser uma observação profunda. Também não significa que o relacionamento entre o professor e o aluno esteja emancipado das liberdades e imprecisões comuns a todo relacionamento humano. Na verdade, ele está provavelmente mais sujeito a essas imprecisões do que qualquer outro relacionamento. Isso significa que um professor é alguém que estuda seu aluno, que a iniciação que *ele* executa tem uma ordem e uma organização deliberadas e que, além de saber o que pretende transmitir, ele levou em conta a maneira de transmissão. Certa vez conheci um homem sábio que, ao desejar aprender a arte do ferrador, procurou não só um homem que tivesse prática na arte, mas alguém acostumado a ensinar, e ficou contente ao encontrar um ferrador que era também professor de boxe.

No que diz respeito ao aluno, há um famoso dilema que foi uma reflexão obsessiva na educação por tempo suficiente. O aprendizado deve ser compreendido como a aquisição de conhecimento ou como o desenvolvimento da personalidade do aprendiz? O ensino se ocupa da iniciação de um aluno em uma herança das realizações humanas ou consiste em permitir que o aluno faça o máximo que pode ou chegue ao melhor de si mesmo? Como acontece com muitos dilemas do gênero, esse aponta para aquilo que acredito ser uma genuína discrepância, mas a compreende mal.

Para escapar dele podemos reconhecer o aprendizado não apenas como mera aquisição de conhecimento, mas também como a ampliação da capacidade de aprender; como a educação, e não apenas como a atividade de mobiliar a mente; como uma herança que passa a ser possuída de tal maneira que ela perca seu caráter de segunda mão ou de antiguidade; e podemos reconhecer o ensino não como a transmissão de algo a ser recebido, não meramente como o plantio de uma semente, mas como o início do cultivo de uma mente de modo a permitir o crescimento daquilo que venha a ser plantado. Mas a fuga que isso nos oferece é imperfeita; e, em todo caso, deveríamos estar buscando uma solução e não uma fuga.

Creio que o que devemos entender é que não existe discrepância entre um aluno receber sua herança de realizações humanas e obter o melhor de si mesmo. A «autorrealização» para os seres humanos não é, evidentemente, a realização de um fim exatamente pré-determinado que exige apenas circunstâncias favoráveis a ele para ser obtido; mas esse indivíduo também não é uma potencialidade infinita e desconhecida que possa com a mesma probabilidade ser impedida ou promovida por uma herança de realizações humanas. Indivíduos não são abstrações racionais, são personalidades históricas, estão entre os componentes desse mundo de realizações humanas; e não existe outro modo para um ser humano obter o melhor de si mesmo que não aprendendo a se reconhecer no espelho dessa herança.

Uma discrepância, no entanto, permanece; mas é uma discrepância não entre o indivíduo e seu mundo, e sim entre o aprendizado e o ensino. É uma divergência de pontos de vista. Para o aluno, aprender não é a tarefa de obter o melhor de si, é a aquisição de conhecimento, distinguir entre a verdade e o erro, entender e tomar posse daquilo de que ele nasceu herdeiro. Mas para o professor a aparência das coisas deverá ser diferente. De modo oblíquo e consequente ele é um agente da civilização. Porém, seu relacionamento direto é com seu aluno. Sua tarefa é, especificamente, fazer com que seu aluno obtenha o máximo de si ensinando a ele como se reconhecer no espelho das realizações humanas que compõem sua herança. Essa é a maneira um tanto complicada como ele desempenha seu trabalho de iniciação, e é isso que o distingue de outros que repassam adiante os frutos da civilização, o fato de ele ter um aluno.

Agora, tornar uma «civilização» disponível para um aluno não é o mesmo que colocá-lo em contato com os mortos nem significa reencenar diante dos olhos dele a história da humanidade. A morte pertence à natureza, não ao *Geist*; e só na natureza a geração envolve um processo de recapitulação de todas as formas anteriores de vida. Iniciar um aluno no mundo das realizações humanas significa pôr à disposição dele muita coisa que não se encontra na superfície do mundo atual. Uma herança conterá muita coisa que não tem uso corrente, muito que veio a ser negligenciado e até mesmo algo que hoje está esquecido. E conhecer apenas aquilo que hoje é dominante é o mesmo que conhecer apenas uma versão atenuada dessa herança. Ver-se refletido no espelho da moda do mundo atual é ver uma imagem tristemente distorcida de um ser humano; pois nada nos estimula a crer que aquilo que caiu no gosto da moda atual seja a parte mais valiosa de nossa herança, ou que aquilo que é melhor sobrevive com mais facilidade do que o pior. E nada sobrevive neste mundo sem receber a atenção dos seres humanos. O trabalho do professor (na verdade, pode-se dizer que esta seja sua qualidade peculiar como agente da civilização) é libertar seus alunos da servidão a sentimentos, emoções, imagens, ideias, crenças e mesmo habilidades que hoje sejam dominantes não por meio da invenção de alternativas que lhes pareçam mais desejáveis, mas sim colocando à disposição dele algo que se aproxima mais de perto da totalidade de sua herança.

Essa herança, entretanto, é uma conquista histórica; ela é «positiva», não «necessária»; é contingente às circunstâncias; é uma miscelânea e é incoerente; ela é aquilo que os seres humanos conquistaram não levados por uma causa final, mas pela exploração de oportunidades do acaso e por meio de seus próprios esforços. Ela abrange os padrões de conduta a que de tempos em tempos eles deram sua preferência, os sentimentos pró e contra a que deram suas aprovações e desaprovações, os empreendimentos intelectuais com que se depararam e que perseguiram, os deveres que impuseram a si mesmos, as atividades em que sentiram prazer, as esperanças que tiveram e as decepções pelas quais passaram. As noções de «acabada» e «inacabada» são ambas igualmente inaplicáveis aqui. Ela não nos oferece nenhuma mensagem clara e sem ambiguidades; frequentemente fala por meio de enigmas; oferece-nos conselhos e sugestões, recomendações, auxílios para a reflexão, mais do que instruções. Foi reunida não por pessoas que estavam projetando algo, mas por homens que só tinham uma tênue noção do que estavam fazendo. Ela não tem sentido como um todo; não pode ser aprendida ou ensinada em princípio, apenas em detalhe.

Um professor, portanto, quando se dedica a iniciar seus alunos em uma herança contingente como essa, pode ser perdoado por acreditar que precisa de alguma garantia de seu valor. Pois, assim como muitos de nós, pode-se esperar que ele tenha um preconceito supersticioso contra a espécie humana e que só se satisfaça quando pode se sentir ancorado em algo pelo qual os seres humanos não são responsáveis. Mas devemos incitá-lo a ter a coragem de suas circunstâncias. Essa herança construída pelo homem contém tudo a que se possa atribuir valor; é a base e o contexto de todo julgamento de melhor e pior. Se houvesse um espelho de perfeição que ele pudesse colocar diante de seus alunos, poderia se esperar que ele o preferisse a esse artigo feito em casa. Mas esse espelho não existe. Podemos perdoá-lo caso ele ache a imagem dominante da vida civilizada desagradável a ponto de não ter entusiasmo em compartilhá-la com seus alunos. Mas caso não tivesse confiança em nenhum dos padrões de valor implícitos nessa herança de realizações humanas, seria melhor que ele não fosse professor; ele não teria nada a ensinar.

Mas professores são pessoas modestas, e provavelmente negaremos que estejamos fazendo algo tão grandioso quanto iniciar nossos alunos na herança civilizada da humanidade. Nós não fingimos estar repassando adiante nada além de fragmentos dessa herança; e não nos escapa o fato de que a civilização de que nos ocupamos não está sozinha no mundo e que essa é uma limitação extra a nossas atividades. E tudo isso constitui um renovado reconhecimento da contingência daquilo que temos a ensinar. Mas o importante aqui é que, estejamos ocupados com uma civilização relativamente simples ou com uma civilização excepcionalmente complexa (como a nossa), estejamos ocupados com uma parte pequena ou grande dela, e estejamos ocupados com habilidades práticas, com conduta moral ou com grandes empreendimentos intelectuais (como filosofia ou ciência), o ensino e o aprendizado sempre se relacionam com uma herança histórica de realizações humanas e que o que deve ser repassado adiante e aprendido, conhecido e compreendido são pensamentos e várias «expressões» de pensamentos.

3

De um ponto de vista importante, tudo que podemos conhecer é uma multiplicidade de diferentes «capacidades», sendo diferentes quantidades de conhecimento representadas por diferentes graus de capacidade, e toda capacidade complexa sendo uma soma de capacidades mais simples.

Quando uma capacidade é reconhecida como a capacidade de fazer ou fabricar algo, e é reconhecida como significativamente composta de movimentos físicos, em geral nós a chamamos de «habilidade». Jogar sinuca e arar um campo são habilidades; cada uma pode ser desfrutada em diferentes graus e pode ser vista como uma soma de habilidades mais simples. Assim, a habilidade de arar inclui a capacidade de dominar o cavalo, e não só o arado; e a capacidade de dominar o cavalo inclui a capacidade de manusear as rédeas e a capacidade de fazer os ruídos adequados.

Além disso, podemos estender essa noção de habilidade para capacidades não tão significativamente compostas por movimentos físicos. Pode-se dizer que um navegador, um dirigente empresarial ou um pintor são «habilidosos». Mas quando dizemos isso, em geral queremos dizer que as capacidades envolvidas nessas atividades são amplas e complexas e que nesse caso são possuídas apenas em grau limitado: queremos dizer que essa capacidade não passa de um desempenho *meramente* habilidoso. E isso chama a atenção para capacidades que normalmente não chamamos de habilidades.

Essas em geral são mais complicadas, se ocupam de maneira menos óbvia com o fazer e o fabricar e se ocupam de modo mais óbvio com o desempenho de operações mentais — como falar, diagnosticar, compreender, descrever, explicar etc. As «capacidades» complexas implícitas nas expressões engenheiro, latinista, explorador, ator, cirurgião, advogado, comandante do exército, físico, professor, pintor, fazendeiro e assim por diante são todas somas em que capacidades mais simples estão agrupadas e recebem um foco específico.

Essa combinação, em um conceito de «capacidades», do que sabemos e do uso que damos a isso, não pretende provar nada, mas simplesmente indicar o modo como carregamos conosco aquilo que sabemos. Temos consciência não de uma quantidade de itens de conhecimento disponíveis para uso, mas de que temos poderes de tipos específicos — o poder de sermos capazes de resolver um problema legal, ou de entender uma inscrição em latim ou de fazer uma cirurgia. Aquilo que sabemos constitui um equipamento que possuímos em termos do que aquilo nos capacita a fazer ou a compreender. É possível evitar o «pragmatismo» com que esse modo de pensar pode nos comprometer caso reconheçamos que as capacidades são de tipos diferentes e não podem ser assimiladas umas às outras — que, por exemplo, a capacidade de compreender e explicar não pode ser assimilada à capacidade de fazer ou fabricar.

Agora, essas capacidades de vários tipos e dimensões que compõem aquilo que se pode dizer que sabemos são combinações daquilo que a chamamos «informação» com aquilo a que chamarei «julgamento».

O componente da «informação» é facilmente reconhecido. Trata-se do ingrediente explícito do conhecimento, onde aquilo que sabemos pode ser discriminado. A informação consiste de fatos, artefatos intelectuais específicos (frequentemente organizados em conjuntos ou grupos). É algo impessoal (não se trata de opinião). Em geral é aceita com base em autoridade, e pode ser encontrada em dicionários, manuais, livros didáticos e enciclopédias. É a resposta adequada para perguntas como: quem? o quê? onde? qual? por quanto tempo? quanto? etc. Informações típicas são: a data da morte de Shakespeare ou da conversão de S. Paulo; a taxa média de chuvas em Bournemouth; os ingredientes de uma receita de coelho à galesa; a densidade relativa do álcool; com quantos anos a pessoa se torna maior de idade; a estrutura atômica do nitrogênio; as razões oferecidas por Milton a favor da poligamia; a capacidade de público do Albert Hall.

Exceto em quizzes, onde notoriamente se apresenta inerte, a informação é um componente do conhecimento, e (ao contrário do próprio conhecimento) pode ser útil ou inútil. Informações úteis são compostas de fatos relacionados a uma habilidade ou capacidade em particular. Não existe informação inerentemente inútil; existem apenas fatos irrelevantes para o assunto de que nos ocupamos em determinado momento.

Alguns fatos parecem transmitir informações avulsas — «Mamãe, a sra. Smith usa peruca», «nós usamos gás para cozinhar», «isto é uma bicicleta», «isto é um fagote» — e elas perdem sua inércia meramente em função de seu lugar em uma conversa. Mas a importância da informação está no fato de ela oferecer regras ou proposições semelhantes a regras relacionadas a capacidades. Toda capacidade tem suas regras, e elas estão contidas no componente do conhecimento a que chamamos informação. Esse claramente é o caso de fórmulas matemáticas ou químicas, ou de informações como «vidro é frágil» ou «cicuta é venenosa»; mas também é o caso de outros tipos de informação. Uma receita me diz quais ingredientes usar para fazer um prato, e um dos usos de saber a capacidade de público do Albert Hall é que isso me diz quantos ingressos posso vender.

Mas regras ou proposições semelhantes a regras como as que são oferecidas por informações podem estar relacionadas ao conhecimento (ou seja, a uma capacidade ou habilidade específica) de dois modos diferentes. Elas podem ser itens de informação que devem ser conhecidos como condição para que sejamos capazes de realizar um ato ou podem constituir o critério por meio do qual pode-se saber que a realização de um ato está incorreta, embora jamais sejam os únicos meios pelos quais é possível detectar erros.

No primeiro caso, ninguém teria como ler ou receber uma mensagem em Morse a não ser que estivesse bem informado sobre os equivalentes das letras do alfabeto no Código Morse. Isso é informação em seu sentido exato. É um conjunto de fatos (artefatos intelectuais específicos), não de opiniões; sua exposição se dá em proposições; sua recepção se dá com base na autoridade; ela pode ser esquecida e precisa ser lembrada; e aparece em instruções que devem ser seguidas — regras que devem ser conhecidas e lembradas como condição para que se possa realizar um ato.

No segundo caso, pode-se dizer que a gramática de um idioma constitui o critério pelo qual podemos saber que a realização de um ato está incorreta. Ela é composta de fatos, exposta em proposições e tem aparência de regras. Mas, embora possa indiretamente promover um desempenho elogiável de um ato, essa informação não é imprescindível para isso. É possível que alguém que jamais esteve de posse de tal informação desempenhe de modo elogiável, e o mesmo vale para alguém que já esteve de posse dessa informação, mas que se esqueceu dela. Existem vários fatores diretamente relacionados a um ato que uma pessoa ignorante desses não teria como fazer; mas entre essas coisas não estão nem a capacidade de falar de modo inteligente, nem de compreender o que é dito no idioma, nem a capacidade de detectar erros. As regras, aqui, são observadas no ato e podem ser conhecidas. Elas são um critério para determinar um desempenho incorreto de um ato, mas conhecê-las não é condição para um desempenho elogiável.

Existe, na verdade, um terceiro tipo de proposição semelhante a regras, que para ser distinguido dos dois outros muitas vezes é chamado de «princípio». Essas são proposições enunciadas para explicar o que está acontecendo em algum ato; elas oferecem algo que podemos chamar de «justificativa subjacente». E, por consequência, do modo como compreendo, jamais são componentes do conhecimento que constitui o desempenho. Elas pertencem a um ato separado. O ato de explicar o ato. Deixe-me dar dois exemplos do que quero dizer.

Em primeiro lugar, andar de bicicleta é uma habilidade que consiste integralmente em fazer os movimentos físicos adequados. Para ter essa habilidade é preciso adquirir certas informações, e também pode haver aquilo que poderia ser chamado de «gramática» da habilidade. Mas, além de tudo isso, pode-se dizer que a habilidade é uma exemplificação de certos princípios da mecânica. Porém, mesmo os melhores ciclistas desconhecem completamente esses princípios, e ser capaz de enunciá-los não os tornaria mais proficientes. Eles não constituem um critério. Seu único valor é a contribuição que dão à nossa compreensão do que está acontecendo. Em resumo, eles não estão relacionados nem ao nosso aprendizado nem à prática da habilidade. Eles pertencem a um ato à parte, o ato da explicação.

Em segundo lugar, pode-se dizer que a conduta moral seja a capacidade de se comportar bem. Aqui, novamente, é preciso conhecer certas informações; e também pode haver aquilo que poderia ser chamado de «gramática» da conduta moral — as regras e as proposições assemelhadas a regras que constituem os critérios por meio dos quais se pode saber que um ato está sendo realizado de modo «incorreto». Mas, mais uma vez, além disso tudo há, ou pode haver, «princípios» em termos dos quais podemos compreender ou explicar o que está acontecendo na conduta moral. Aristóteles, por exemplo, no «princípio do Meio», formulou aquilo que ele pensava ser a «justificativa subjacente» a toda boa conduta. Porém, um conhecimento desse «princípio», ou de qualquer outro do gênero, não é condição para ser capaz de se comportar bem, e esse princípio também não constitui um critério por meio do qual possamos saber se um ato está sendo desempenhado de modo «incorreto». Ele não se relaciona nem com o aprendizado da boa conduta nem com nosso desempenho nessa área.

Existe, então, do modo como compreendo, um tipo de informação que pretende explicar um ato (e também explicar as regras de um ato), mas que jamais é um componente do conhecimento que constitui o ato. Isso, claro, vale mesmo quando o ato é um ato de compreensão e explicação como acontece — por exemplo, na história ou na ciência.

Mas, para voltar dessa digressão que não é desnecessária, existe em todo conhecimento um ingrediente de informação. Ele é composto de fatos que podem variar desde reconhecimentos e identificações em que o conhecimento de algum tipo surge de uma consciência indeterminada até regras ou proposições assemelhadas a regras que dão forma às habilidades e capacidades em que transportamos aquilo que pode-se dizer que sabemos, e que por vezes, mas não sempre, conhecemos e seguimos de maneira expressa. Esse ingrediente da informação, porém, jamais equivale à totalidade do que sabemos. Antes que qualquer habilidade ou capacidade possa aparecer, a informação precisa estar acompanhada do «julgamento», o «saber *como*» precisa ser acrescentado ao «saber *o que*» da informação.

Por «julgamento» me refiro ao componente tácito ou implícito do conhecimento, o ingrediente que não só não está especificado pelas proposições como é impossível de ser especificado por meio de proposições. É o componente do conhecimento que não aparece na forma de regras e que, portanto, não pode ser reduzido a informações ou discriminado à maneira característica da informação.

O fato de que desfrutamos desse conhecimento pareceu inegável a alguns autores. Eles direcionam nossa atenção, antes de mais nada, para as habilidades — ou seja, para as capacidades que são significativamente compostas de movimentos físicos. Podemos saber como fazer algo sem sermos capazes de enunciar explicitamente o modo de agir envolvido. Isso, por exemplo, acontece no caso da natação, da equitação, de tirar um peixe do anzol, de usar um cinzel e de fazer uma tigela na roda de oleiro. Esses autores ressaltam ainda que podemos reconhecer que uma ação pertence a um tipo conhecido sem que sejamos capazes de especificar como reconhecemos isso; o fato de sermos capazes de descobrir similaridades em coisas sem sabermos dizer no que elas consistem, ou padrões sem estarmos conscientes dos elementos que os compõem ou das regras que eles exemplificam; e de que podemos falar um idioma sem conhecer as regras que estamos seguindo ou mesmo sem que essas regras jamais tenham sido formuladas.

Tudo isso, creio, é verdade. Mas o que isso sugere para mim é que existem habilidades e capacidades em que àquilo que é conhecido pode faltar certo conteúdo informativo (particularmente o tipo de informação a que chamamos «as regras»), mais do que a possibilidade de haver um «saber *como*» que pode ser desvinculado do «saber *o quê*». Assim, usei «julgamento» para discernir o «saber *como*» da informação porque acredito que o «saber *como*» é um ingrediente de todo conhecimento genuíno, e não uma espécie separada de saber especificada por uma ignorância das regras.

Fatos, regras, tudo que possa chegar até nós como informação, de forma discriminada e explícita, jamais serão capazes por si só de nos dotar da capacidade de fazer, ou fabricar, ou de compreender e explicar coisa alguma. A informação precisa ser usada, e ela isolada não indica, jamais, como deveria ser usada. O que se exige além da informação é o conhecimento que nos permite interpretá-la, decidir sobre sua relevância, reconhecer qual regra aplicar e descobrir qual ação permitida pela regra deveria, dentro das circunstâncias, ser seguida; o conhecimento (em resumo) capaz de nos levar por esses amplos espaços abertos, encontrados em cada capacidade, onde não há regras válidas. Pois regras são sempre disjuntivas. Elas especificam apenas um ato ou uma conclusão de um certo tipo geral e jamais nos libertam da necessidade de escolha. Elas nunca oferecem mais do que explicações parciais: entender algo como um exemplo da operação de uma regra é ter uma compreensão bastante imperfeita.

O «julgamento», portanto, não deve ser reconhecido apenas como outro tipo de informação; seus enunciados não podem ser discriminados, lembrados ou esquecidos. Trata-se, por exemplo, de tudo que está contido naquilo que vem sendo chamado de «a inespecificável arte da investigação científica», sem a qual «os conteúdos articulados do conhecimento científico» permanecem ininteligíveis.

E se somos obrigados a recuar um pouco da ideia de um «saber *como*» (uma vez que toda capacidade tem um ingrediente factual, reconhecido como fato e passível de ser especificado via proposições), não creio que tenhamos como evitar reconhecer aquilo a que venho chamando de «julgamento» como um parceiro, não apenas nas capacidades a que chamamos de habilidades, mas sim em toda capacidade, e, mais particularmente, naquelas que se ocupam quase que exclusivamente de operações mentais.

O saber que reconhecemos como pertencente ao conhecimento envolvido na equitação, por exemplo, ou na transmissão ou recepção de uma mensagem em Código Morse, tem sua contraparte em outro lugar. Na verdade, quanto mais nos afastamos das habilidades manuais e sensoriais, maior se torna o espaço ocupado por esse componente do conhecimento. Seja qual for o seu lugar na degustação do chá e no diagnóstico de doenças, seu lugar na arte e na literatura, na compreensão histórica, filosófica ou científica é quase incomensuravelmente maior.

Isso está representado, por exemplo, na chamada *divinatio* do crítico textual, em que uma leitura deturpada é detectada e uma emenda é sugerida. É o que acontece quando termina o confronto dos manuscritos e a revisão. É tudo o que se passa depois do momento em que ficam para trás as regras e os métodos da crítica, e tudo o que se exige para extrair preceitos apropriados dessas regras. É aquilo que escapa mesmo à mais meticulosa lista de qualidades exigidas para praticar a arte da crítica textual.

Um ingrediente semelhante aparece nos relacionamentos práticos entre os seres humanos. As regras morais e legais expostas em formas de proposições formam os direitos e deveres reconhecidos, e as máximas de prudência, que oferecem alguma flexibilidade a essas regras, constituem apenas pequena parte do conhecimento abrangido na capacidade de viver uma vida civilizada. Os preceitos em si exigem interpretação no que diz respeito a pessoas e circunstâncias; nos pontos em que acontecem conflitos entre preceitos, não se pode achar solução por meio da aplicação de outras regras. «O casuísmo», já se disse, «é o túmulo do julgamento moral».

Em resumo, em toda «capacidade» existe um ingrediente de conhecimento que não pode ser reduzido a informação, e em algumas habilidades essa pode ser a maior parte do conhecimento exigido para sua prática. Além disso, «capacidades» não existem no abstrato, mas em exemplos individuais: as normas por meio das quais elas são reconhecidas são considerações posteriores, não imperativos categóricos. E cada exemplo individual tem aquilo que pode ser chamado de estilo ou idioma próprio que não pode ser especificado em proposições. Deixar de detectar o estilo de um homem é o mesmo que ter deixado de compreender três quartos do significado de suas ações e enunciados; e não ter formado um estilo para si equivale a tirar de si a capacidade de transmitir algo além dos significados mais brutos.

O que é significativo, portanto, não é a observação de que uma pessoa é capaz de saber falar um idioma sem conhecer as regras que está seguindo, mas sim a observação de que até ser capaz de falar o idioma de maneira não expressamente prevista nas regras a pessoa não consegue fazer enunciados significativos nessa língua. E, claro, por «idioma» não me refiro apenas a latim e espanhol, mas também aos idiomas da história, da filosofia, da ciência e da vida prática. As regras da arte estão lá, mas elas não determinam a prática da arte; as regras da compreensão estão lá, mas não nos dotam por si sós de compreensão. Elas estabelecem limites — muitas vezes nos dizendo apenas *o que* fazer caso desejemos falar algum dos idiomas da nossa civilização —, porém não oferecem nenhuma receita para tudo que deve ocorrer no intervalo entre esses limites.

4

A herança das realizações humanas em que o professor deve iniciar seu aluno chama-se conhecimento; nessa leitura, o conhecimento deve ser compreendido como uma soma de capacidades, sendo que em cada uma delas há uma síntese entre «informação» e «julgamento». Que implicações esse modo de ver as coisas tem sobre as atividades do aprendizado e do ensino — o aprendizado que é o recebimento dessa herança, e o ensino que é a iniciação deliberada do aluno? Duvido muito que haja quaisquer conclusões práticas a serem extraídas dessa reflexão, seja para aprendizes, seja para professores; porém, creio que ela seja bastante positiva no contexto da tentativa de compreender o que está acontecendo no aprendizado e no ensino.

Isso sugere, primeiro, que aquilo que identifiquei como os componentes do conhecimento («informação» e «julgamento») podem ser tanto comunicados como adquiridos, mas não podem ser comunicados ou adquiridos separadamente — pelo menos, não em ocasiões ou «lições» separadas. Isso, creio, é certamente verdadeiro no que diz respeito às mais importantes capacidades e transmissões da herança, e não sofre nenhuma limitação séria pelas observações de que é possível comunicar e adquirir informação inerte, e de que existem certas habilidades em que o componente da informação é mínimo.

Em segundo lugar, isso sugere que esses dois componentes do conhecimento não podem ser comunicados da mesma maneira. Na verdade, como eu compreendo, a distinção entre «informação» e «julgamento» é, mais do que uma dicotomia em relação ao que é conhecido, uma distinção entre diferentes maneiras de comunicação; para mim, isso vem mais de uma reflexão sobre o ensino e o aprendizado do que de uma reflexão sobre a natureza do conhecimento. Portanto, pode-se dizer que o ensino é uma atividade dupla de comunicar «informação» (aquilo que vou chamar de «instruir») e de comunicar «julgamento» (o que chamarei de «compartilhamento»); e pode-se dizer que o aprendizado seja uma atividade dupla de aquisição de «informação» e de vir a possuir «julgamento».

O restante do que tenho a dizer tem a ver com essa distinção e com a compreensão que ela pode oferecer sobre o que ocorre no aprendizado e no ensino.

Toda atividade de ensino tem um componente de instrução, pois todo conhecimento tem um componente de informação. O professor como instrutor é o transmissor deliberado de informação a seu aluno.

Os fatos que compõem a informação são específicos, impessoais e, basicamente, é preciso confiar neles; eles também podem ser cruéis, isolados, arbitrários e inertes. Podem ser armazenados em enciclopédias e dicionários. Seu apelo imediato não é para o desejo que o aluno tem de compreender, mas para a sua curiosidade, seu desejo de não ser ignorante — ou seja, talvez, para a sua vaidade. Esse desejo de não ser ignorante é, na maior parte, satisfeito por conhecer coisas em termos de seus nomes e por conhecer o significado de palavras e expressões. Desde os primeiros anos o aluno se acostuma a fazer essas descobertas por conta própria; ele se acostumou a distinguir de modo elementar o que é fato e o que não é — sem, é claro, conhecer as regras que está seguindo ao fazer isso. Na maior parte das vezes, ele está acostumado a fazer tudo isso como parte do processo de se sentir em casa no mundo que habita. Portanto, quando cai nas mãos de um instrutor, ele já está familiarizado com a atividade de adquirir informação, particularmente a informação para uso imediato.

A tarefa do professor como instrutor é apresentar o aluno a fatos que não têm importância prática imediata. (Se não houvesse fatos desse gênero, ou caso eles formassem uma parte desimportante de nossa herança, um professor seria um luxo mais do que uma necessidade.) E, portanto, sua primeira tarefa é considerar e decidir qual informação repassar a seu aluno. Isso pode ser decidido pelas circunstâncias: o sargento-instrutor não precisa considerar se deve ou não informar sua classe sobre os nomes e os usos das partes de uma metralhadora. Mas, se isso não for decidido por circunstâncias como essas, é algo que cabe ao professor como instrutor ponderar. Qual parte ou quais partes de nossa herança de informações devem ser transmitidas ao aluno?

Sua segunda tarefa é tornar mais fácil de aprender essa informação que precisa ser repassada, dando a ela uma organização que modifique a inércia de seus fatos componentes.

A organização oferecida por uma aplicação imediata à vida prática de seu aluno é espúria; grande parte da informação que ele precisa repassar não tem esse tipo de aplicação e seria deturpada se fosse levada nessa direção. A organização oferecida por um dicionário ou uma enciclopédia não se presta ao aprendizado, e sim à descoberta rápida de itens de informação em resposta a um reconhecimento de uma ignorância específica. E a organização da informação em termos de modos de pensamento, de linguagens, que são as maiores realizações da civilização, é sofisticada demais para o iniciante. Nessas circunstâncias, o que resolvemos aceitar é a organização da informação em termos de «matérias» diferenciadas de modo mais ou menos arbitrário que formam o currículo de uma escola ou universidade: geografia, latim, química, aritmética, «atualidades» ou sabe-se lá o que mais. Cada uma dessas é uma organização de informações, e não um modo de pensamento; mas cada uma permite que os fatos comecem a revelar seu caráter assemelhado a regras (ou seja, seu caráter como ferramentas que podem ser usadas para fazer, fabricar ou compreender) e assim deixar de lado parte de sua inércia. Além disso, acredito que existe alguma vantagem positiva em criar, para fins pedagógicos, organizações especiais de informação que diferem dos modos significativos de pensamento de nossa civilização. Pois esses modos de pensamento não são em si mesmos organizações de informação, e quando um deles aparece como «matéria» escolar — por exemplo, a «filosofia», no currículo de um *lycée* — seu caráter pode ser desvirtuado. Não pode haver grande mal em apresentar «geografia» ou mesmo «latim» como informação a ser adquirida, mas existe algo estranho na «filosofia» quando ela surge como a capacidade, por exemplo, de lembrar e repetir a segunda prova da existência de Deus ou o que Descartes disse sobre os sonhos.

Creio que existem duas outras tarefas que obviamente cabem ao professor como instrutor. Primeiro, ele tem de levar em conta a ordem em que as informações contidas em cada uma dessas organizações mais ou menos arbitrárias de fatos devem ser transmitidas a seu aluno. É esse tipo de consideração que entra na formatação de uma ementa, na escrita de um livro didático ou na composição de um programa de uma máquina de instruções. Em segundo lugar, ele precisa exercitar seu aluno nessa informação de modo que aquilo que ele adquiriu possa ser reconhecido em outras formas além daquela em que ele a adquiriu inicialmente, e possa ser lembrada em todas as ocasiões em que isso for relevante. Ou seja, o instrutor não só precisa ouvir seus alunos recitarem o catecismo, o Código Rodoviário Britânico ou a relação de cabos e baías, a tabuada do oito e os reis da Inglaterra, mas também precisa se assegurar de que ele saiba responder perguntas em que essas informações sejam usadas adequadamente. Pois a importância da informação é a precisão com que ela é aprendida e a facilidade como pode ser relembrada e usada.

No entanto, nossa herança de informações é tão grande que, independentemente de quais mecanismos o instrutor possa usar para modificar sua inércia, grande parte deve ser adquirida com uma noção mínima de como devem ser usadas. Sem dúvida seria bom (como disse Lichtenberg) se pudéssemos ser educados de modo que tudo aquilo que não nos é claro ficasse totalmente incompreensível; mas isso não é possível. O aprendizado não começa na ignorância, mas no erro. Além disso, ao adquirir informações podemos aprender algo além da informação em si e que pode ser até mais valioso, ou perceber que é algo a ser usado.

E para compreender o que é isso precisamos passar da «informação» para o «julgamento», da atividade de «instruir» para a atividade de «compartilhar».

Parte daquilo a que me refiro como «julgamento» começa a aparecer sempre que o aluno percebe que a informação precisa ser usada, e percebe a possibilidade de irrelevância. Parte disso é compartilhado na própria organização da informação, embora essas organizações possam dar uma impressão restritiva de relevância. Fica claro que isso não é informação em si; ela não pode ser ensinada do mesmo modo que uma informação pode ser repassada, e não pode ser aprendida, relembrada ou esquecida do mesmo modo como uma informação pode ser aprendida, relembrada e esquecida. Mas também fica claro que isso é apenas uma sugestão de «julgamento», pois existe muito mais a ser percebido e que não pode ser compartilhado por nenhuma mera organização de informação. Perceber que fatos são regras ou ferramentas, perceber que regras são sempre disjuntivas e jamais categóricas é uma coisa; ter adquirido a capacidade de usá-las é outra.

«Julgamento», portanto, é aquilo que, quando unido à informação, gera conhecimento ou «capacidade» de fazer, fabricar ou compreender e explicar. É ser capaz de pensar — não de pensar sem uma maneira específica, mas de pensar tendo em conta as considerações que pertencem aos diferentes modos de pensamento. Isso, é claro, é algo que precisa ser *aprendido*; é algo que não pertence ao aluno por natureza, e faz parte de nossa herança civilizada tanto quanto a informação que é sua contraparte. Porém, como aprender a pensar não é o mesmo que adquirir informações adicionais, isso não pode ser obtido do mesmo modo como aumentamos nosso estoque de informações.

Além disso, o «julgamento» pode ser *ensinado*; e ensiná-lo faz parte do empreendimento deliberado do professor. Mas, embora um aluno não possa ser explicitamente instruído a como pensar (não havendo regras aqui), o «julgamento» pode ser ensinado apenas em conjunção com a transmissão da informação. Ou seja, ele não pode ser ensinado em uma lição separada que não seja, por exemplo, uma lição de geografia, latim ou álgebra. Assim, do ponto de vista do aluno, a capacidade de pensar é algo aprendido como subproduto da aquisição de informações; e, do ponto de vista do professor é algo que, se for ensinado, deve ser compartilhado de maneira oblíqua ao longo do processo de instrução. O modo como isso é feito deve ser compreendido quando consideramos o caráter daquilo que deve ser compartilhado.

O «julgamento», a capacidade de pensar, aparece primeiro não ao se estar meramente consciente de que a informação deve ser usada, de que se trata de um capital e não de um suprimento, mas na capacidade de usá-la — a capacidade de investi-la em respostas a perguntas. As regras podem ter sido dominadas, as máximas podem já ser familiares, os fatos podem estar disponíveis para quando for preciso lembrar deles; porém, qual é a aparência deles em uma situação concreta, e como pode uma situação concreta (um artefato ou uma compreensão) ser gerada a partir dessa informação? Como a gramática do latim aparece em uma página de Cícero (de onde, na verdade, ela foi abstraída) e como ela pode gerar uma página de genuína prosa latina? Como as máximas copiadas nos cadernos se aplicam à conduta moral, e como fazer para que elas sejam geradoras de conduta? Esses são os fatos, mas quais conclusões eles autorizam ou proíbem? Essa é a literatura — os conteúdos articulados, por exemplo, do conhecimento atual sobre os efeitos magnéticos —, mas como um aluno aprende a falar a linguagem em que aquilo está escrito: a linguagem da ciência? Como ele adquire a perícia que lhe permite determinar a relevância, que lhe permite distinguir entre diferentes tipos de questões e os diferentes tipos de resposta que elas exigem, que o emancipa dos brutos absolutos e que lhe permite concordar ou divergir em termos acadêmicos?

Mas aprender a pensar não é meramente aprender a julgar, interpretar e usar informação, é aprender a reconhecer e a sentir prazer nas virtudes intelectuais. Como um aluno aprende a ter curiosidade desinteressada, paciência, honestidade intelectual, precisão, empenho, concentração e dúvida? Como ele adquire uma sensibilidade a pequenas diferenças e à capacidade de reconhecer a elegância intelectual? Como ele vem a herdar a disposição para se submeter à refutação? Como ele aprende não simplesmente a amar a verdade e a justiça, mas o aprende de forma a escapar à vergonha do fanatismo?

Além disso tudo há algo mais difícil de adquirir, mais importante do que todo o resto; a saber: a capacidade de detectar a inteligência individual que está operando em cada enunciado, mesmo naqueles que transmitem informações impessoais. Pois todo ato ou enunciado significativo tem um estilo próprio, um idioma pessoal, reflete uma maneira individual de pensar. Isso, que chamei de estilo, é a escolha feita não de acordo com as regras, mas dentro da área de liberdade deixada pela operação negativa das regras. Podemos ouvir aquilo que um homem tem a dizer, mas, a não ser que possamos escutar em seus enunciados uma mente em operação e possamos detectar o idioma de pensamento, não teremos compreendido nada. A arte e a conduta, a ciência, a filosofia e a história, esses são modos de pensamento *definidos* por regras; eles existem apenas em explorações pessoais de territórios em que apenas as fronteiras estão sujeitas a definição. Ter o domínio sobre as linguagens de nossa civilização não é conhecer as regras de suas gramáticas, mas ter a oportunidade de uma sintaxe e de um vocabulário, ricos em distinções sutis, nas quais podemos pensar por conta própria. Aprender, portanto, é adquirir a capacidade de sentir e pensar, e o aluno jamais irá adquirir essas capacidades sem ter aprendido a procurar ouvi-las e a reconhecê-las na conduta e nos enunciados alheios.

Além da informação, portanto, é isso que tem de ser aprendido; pois essa (e não o peso morto de seus produtos) é a verdadeira substância de nossa herança — e nada pode ser herdado sem que se aprenda. É isso que o professor tem a «compartilhar» com seu aluno, junto com quaisquer informações que ele escolha transmitir.

Isso não pode ser *aprendido* separadamente; não é algo que seja explicitamente aprendido e só se pode conhecê-lo na prática; mas é possível aprendê-lo em tudo o que se aprende, tanto na oficina de carpintaria quanto nas lições de latim ou química. Se for aprendido, jamais será esquecido, e não será preciso relembrá-lo para desfrutar do que nos traz. Trata-se, na verdade, muitas vezes, do resíduo que permanece quando todo o resto é esquecido; a sombra do conhecimento perdido.

Isso não pode ser *ensinado* separadamente; não se pode destinar um espaço específico a ele em um cronograma ou em um currículo. Não é possível ensiná-lo abertamente, por preceito, pois ele abrange aquilo que é necessário para dar vida ao preceito; mas é possível ensiná-lo em tudo o que é ensinado. Ele vai inserido discretamente na maneira como a informação é transmitida, em um tom de voz, no gesto que acompanha a instrução, em apartes e enunciados oblíquos, e por meio de exemplos. Pois «o ensino pelo exemplo» — que por vezes é desprezado como uma forma inferior de ensino, gerando conhecimento inflexível porque as regras daquilo que é conhecido permanecem ocultas — equivale a emancipar o aluno das meias declarações de regras ao torná-lo consciente de uma situação concreta. Ao imitar o exemplo, ele adquire não apenas um modelo para a ocasião específica, como também a disposição para reconhecer tudo como uma ocasião. É um hábito de procurar ouvir uma inteligência operando em cada enunciado que pode ser adquirido pela imitação de um professor que tenha esse hábito. E as virtudes intelectuais podem ser compartilhadas apenas por um professor que realmente se importe com elas pelo que elas são e que jamais se rebaixe ao pedantismo de mencioná-las. Não é o grito do pato selvagem, mas sim sua ascensão que impele o bando a segui-lo no voo.

Quando penso, por obrigação pessoal, como me tornei levemente consciente de que havia algo mais no aprendizado além da aquisição da informação, de que o modo como um homem pensava era mais importante do que aquilo que ele dizia, foi, creio, nas ocasiões em que tínhamos diante de nós situações concretas. Foi quando tínhamos não uma lista de «fatos» históricos, mas quando (por um momento) os fatos ficavam suspensos na argumentação de um historiador. Foi naquelas ocasiões em que nos faziam aprender de cor, não uma declinação de *bonus* (que, é claro, precisava ser aprendida), mas uma passagem de literatura, a reflexão de uma mente operando em uma linguagem. Foi naquelas ocasiões em que não havia alguém falando com você, mas nas quais você tinha a oportunidade de ouvir uma conversa inteligente.

Caso vocês me perguntassem as circunstâncias em que primeiro me ocorreram as ideias de paciência, precisão, economia, elegância e estilo, eu teria de dizer que não vim a reconhecê-las na literatura, numa argumentação ou em uma prova geométrica até tê-las primeiro reconhecido em outro lugar; e que devo esse reconhecimento a um sargento que era nosso instrutor de ginástica, que viveu muito antes dos dias da «educação física» e para quem a ginástica era uma arte intelectual — e eu devia isso a ele não por algo que ele tivesse dito um dia, mas porque ele era um homem de paciência, precisão, economia, elegância e estilo.

Educação: a atividade e sua frustração
1972

Em seu sentido mais geral, a educação pode ser compreendida como uma transação específica que pode ocorrer entre gerações de seres humanos em que os recém-chegados à cena são iniciados no mundo em que vão habitar. Assim, por exemplo, quando na fórmula de fins da Idade Média sobre os deveres dos seres humanos constava o preceito de que os pais deveriam educar seus filhos, a educação era vista como uma transação moral, algo que podia (mas não devia) ser negligenciado, e distinto dos processos naturais inevitáveis pelos quais toda criatura viva cresce, acomoda-se às circunstâncias ou perece.

Por consequência, a educação é compreendida como algo que deve ser pensado; e no curso dessa reflexão surgiram dois tópicos em particular. O primeiro se ocupa de distinguir essa transação, de discernir o que está ocorrendo, de identificar as relações envolvidas nela — em resumo, de compreendê-la como atividade humana específica. Pode-se dizer que o interesse aqui seja a pergunta: «Qual é o caráter do mundo que um humano recém-chegado irá habitar?». O segundo é a ponderação sobre os procedimentos, métodos e instrumentos que se acredita serem adequados a essa atividade. O segundo tópico está claramente subordinado ao primeiro, e todas as pessoas que pensaram profundamente sobre isso reconheceram essa subordinação. Terei pouco a dizer sobre isso, exceto observar, mais tarde, como em tempos recentes os procedimentos e instrumentos deixaram para trás essa subordinação e se impuseram à nossa compreensão sobre a transação em si, com consequências infelizes. Minha preocupação é com o primeiro desses tópicos. Quero mostrar a educação como uma atividade humana de um certo tipo e como uma transação da qual depende a continuidade de uma vida que possa ser reconhecida como humana; e quero, então, ir em frente e pensar sobre alguns dos obstáculos que hoje entravam essa transação e podem, até mesmo, frustrá-la.

Seres humanos são o que entendem ser; eles são compostos integralmente de crenças sobre si mesmos e sobre o mundo que habitam. Habitam um mundo de inteligíveis, ou seja, um mundo composto não de objetos físicos, mas de ocorrências que têm significados e que são reconhecidos de maneiras para as quais existem alternativas. Suas situações contingentes neste mundo são, portanto, aquilo que eles vierem a entender que são, e eles respondem a elas escolhendo dizer ou fazer *isso* e não *aquilo* em relação a resultados imaginados e desejados. Seres humanos são criaturas de vontades. Suas vontades não são impulsos biológicos ou necessidades genéticas; são satisfações imaginadas, que têm razões mas não causas, e podem ser desejadas, escolhidas, perseguidas, obtidas, aprovadas ou reprovadas.

Uma vida humana é composta de atos, e cada ato é a revelação das crenças de um homem sobre si mesmo e sobre o mundo e uma exploração de autorrepresentação. Ele é aquilo que se torna; tem uma história, mas não uma «natureza». Essa história não é um processo evolucionário ou uma atividade teleológica; não existe um «homem definitivo» oculto no ventre do tempo ou prefigurado nos caracteres que hoje caminham sobre o mundo. Seres humanos buscam satisfações que creem ser desejáveis, mas a conduta humana não é o florescimento de uma potencialidade determinada.

As satisfações desejadas pelos seres humanos estão, na maior parte das vezes, nas respostas que seus enunciados e suas ações recebem dos outros, respostas que são em si mesmas enunciados e ações relacionados com as satisfações desejadas por aqueles que as oferecem. Assim, satisfações humanas são o resultado de transações, e buscá-las equivale a entrar em relação com outro ou com outros. Essas ações não são «interações» físicas semelhantes a processos químicos; são relacionamentos escolhidos e compreendidos. Seres humanos não apenas se «comunicam» uns com os outros; eles falam palavras que têm significados e são compreendidas (ou mal compreendidas) por aqueles com quem falam. Escutar é ouvir, e ouvir é pensar; e as respostas que eles dão uns aos outros são réplicas, tréplicas governadas por satisfações desejadas por aqueles que as fazem. Assim, a conduta humana subordina-se a procedimentos, mas não constitui processos. Esses procedimentos não são causas que determinam aquilo que é dito ou feito; são compostos de regras e considerações assemelhadas a regras a que nos subordinamos ao escolher o que dizer ou fazer. Eles são, além do mais, múltiplos (não existe um procedimento abrangente que corresponda à palavra «sociedade» do modo como ela é costumeiramente usada), e cada um deles é uma conquista histórica que poderia ter sido diferente do que é e que exige ser compreendido para ser usado na conduta.

Ser humano é se reconhecer relacionado a outros — não da maneira como as partes de um organismo são relacionadas, não como membros de uma única «sociedade» que a todos inclui, mas em virtude da participação em múltiplos relacionamentos compreendidos e do usufruto de linguagens históricas e compreendidas de emoções, sentimentos, imaginações, gostos, desejos, reconhecimentos, crenças morais e religiosas, iniciativas intelectuais e práticas, costumes, convenções, procedimentos e práticas, cânones, máximas e princípios de conduta, regras que denotam obrigações e cargos com deveres específicos. Essas linguagens são continuamente inventadas por aqueles que compartilham delas; usá-las é ampliar seus recursos. Elas não impõem demandas para que pensemos ou nos «comportemos» de certa maneira; não são conjuntos de fórmulas prontas para autodescoberta e autorrepresentação; elas se apresentam àqueles que as compartilham como diversos convites para compreender, admirar, aprovar ou desaprovar; e só surgem ao serem aprendidas.

Em resumo, um ser humano é o habitante de um mundo composto não de «coisas», mas de significados; ou seja, de ocorrências de alguma maneira reconhecidas, identificadas, compreendidas e respondidas em termos dessa compreensão. É um mundo de sentimentos e de crenças, e inclui também artefatos humanos (livros, quadros, composições musicais, ferramentas e utensílios), pois esses também são «expressões» dotadas de significado e que exigem ser compreendidas para serem usadas ou desfrutadas. Não contar com essa compreensão equivale a não ser um humano, mas estranho a uma condição humana.

Comecei com a caracterização da vida humana porque, se não fosse assim, a educação seria uma atividade redundante. Se a vida humana fosse um processo de crescimento em que um potencial se realizasse, ou se fosse um processo em que um organismo reagisse a suas circunstâncias em termos de um equipamento genético, não haveria lugar para uma transação entre gerações projetada expressamente para iniciar um recém-chegado naquilo que estivesse acontecendo e, desse modo, permitir sua participação. Mas esse não é o caso. Uma vida humana é composta de atos, escolhas de fazer *isso* e não *aquilo* em relação a resultados imaginados e cobiçados, governada por crenças, opiniões, compreensões, práticas, procedimentos, regras e reconhecimentos de coisas desejáveis e indesejáveis, e na qual é impossível agir meramente em virtude de um equipamento genético e sem ter aprendido a fazê-lo. Até mesmo as habilidades dos seres humanos precisam ser aprendidas porque, como tudo mais na vida humana, são dominadas por serem desejáveis. Para um ser humano, aprender a andar não é o mesmo que, para um passarinho, aprender a voar: ou não me lembro de me dizerem para «andar direito» e não me arrastar por aí como se eu fosse um macaco? A dança da Lebre de Março e a canção de um melro podem ser atribuídas a necessidades genéticas, mas uma valsa e *Dove sono* são invenções históricas humanas que precisam ser aprendidas e compreendidas para serem conhecidas, desfrutadas ou para que se possa responder a elas. Em resumo, a atividade educacional é necessária porque ninguém nasce sendo um ser humano e porque a qualidade de ser humano não é uma latência que se realiza em um processo de «crescimento». O recém-chegado humano não é um organismo em busca de uma acomodação a circunstâncias favoráveis à sua existência continuada; ele é *homo dissens*, uma criatura capaz de aprender a pensar, de compreender, de se representar em um mundo de representações humanas e, assim, de adquirir um caráter humano.

Ao considerar o que está acontecendo nessa transação entre as gerações, portanto, a primeira coisa a se reconhecer é que se trata de uma transação entre seres humanos e postulantes à condição humana em que os recém-chegados são iniciados em uma herança de realizações humanas de compreensão e crença.

Caso essa herança fosse composta de «coisas» ou artefatos naturais, sua transmissão dificilmente seria mais que uma formalidade mecânica, um repasse de objetos físicos. Mas não é. Ela é composta de atividades, aspirações, sentimentos, imagens, opiniões, crenças, modos de compreensão, costumes e práticas humanos — em resumo, estados mentais em que só podemos entrar por meio de um procedimento de aprendizado.

Se essa herança se resumisse a estados mentais, a iniciação poderia ser feita por meio de hipnose, terapia, por meio de injeções subcutâneas ou de choques elétricos ou, ainda, pelo chamado «aprendizado durante o sono». Mas não é. Ela é composta de estados mentais que, por constituírem compreensões, podem ser desfrutados apenas se elas mesmas forem compreendidas. Ser humano é participar de atividades sabendo o que você está fazendo, e por consequência a iniciação nessa condição só pode ocorrer por meio de uma atividade na qual o recém-chegado aprende a compreender.

O que está acontecendo nessa transação, portanto, não é a transferência de produtos de gerações anteriores a um recém-chegado, tampouco a aquisição por parte de um recém-chegado de uma aptidão para imitar os atos dos atuais adultos humanos; trata-se de aprender a agir de modo humano. A educação não é a aquisição de um estoque de coisas prontas, como ideias, imagens, sentimentos, crenças e assim por diante; é aprender a observar, a escutar, a pensar, a sentir, a imaginar, a crer, a compreender, a escolher e a desejar. É um postulante a uma condição humana aprendendo a se reconhecer como um ser humano do único modo como isso é possível: a saber, vendo-se no espelho de uma herança de compreensões e atividades humanas e, desse modo, adquirindo ele mesmo (nas palavras de Leibniz) o caráter de *um miroir vivant, doué d'action interne*, adquirindo a capacidade de devolver ao mundo sua própria versão de um ser humano por meio de condutas que são ao mesmo tempo uma autodescoberta e uma autorrepresentação.

Essa transação entre gerações, no entanto, será inibida a menos que haja uma crença contingente no valor daquilo que deve ser mediado para o recém-chegado e a menos que essa convicção seja de algum modo também transmitida. Tudo o que é humano existe em termos do reconhecimento de que se trata de algo desejável, e essa herança civilizada, esse mundo de significados e compreensões, será transmitido apenas quando inspirar a gratidão, o orgulho e até mesmo a veneração daqueles que já desfrutam dele, onde ele os dotar de uma identidade estimada e onde ele seja compreendido como uma repetida convocação mais do que uma posse, uma atividade mais do que um espólio.

Não estou interessado naquela misteriosa adaptação ao mundo que constitui a história inicial de um ser humano; a atividade que surge imperceptível e intermitente da passividade; os movimentos que se tornam ações; necessidades dando lugar a desejos e desejos a escolhas; apresentações tornando-se representações, lembradas, recordadas, reconhecidas e gradualmente identificadas; ocorrências que vêm a ser reconhecidas como eventos; «coisas» surgindo de características; «objetos» percebidos como sinais e sinais revelando significados alternativos; sons que vêm a ser reconhecidos como palavras com significados determinados por contextos; procedimentos humanos que se distinguem de processos naturais — todas as flutuações que ocorrem na aurora da infância, onde não há nada que, em determinado momento, possa se dizer com exatidão que uma criança esperta sabe ou não sabe.

Em casa, no berçário ou no jardim de infância, nos primeiros anos da infância, a atenção e a atividade, quando começam a ser autônomas, são, em sua maioria, governadas pelas inclinações; o indivíduo é as suas inclinações. As coisas e ocorrências (mesmo quando expressamente projetadas ou organizadas por adultos) são dádivas da fortuna conhecida apenas em termos do que é possível fazer com elas. Tudo é uma oportunidade, reconhecida e explorada pela satisfação imediata que pode ser obtida. Aprender, aqui, é um subproduto da brincadeira; aquilo que se aprende é aquilo que ocorre de ser aprendido.

Mas a educação propriamente dita começa quando, a esses encontros casuais provocados pelas contingências de humores, a esses desejos fugazes e entusiasmos súbitos atrelados às circunstâncias, sobrepõe-se a iniciação deliberada de um recém-chegado na herança humana de sentimentos, crenças, imaginações, compreensões e atividades. Ela começa quanto a transação se torna «escolarização» e quando o aprendizado se torna o aprendizado por meio do estudo, e não deixado ao acaso, em condições de direcionamento e limitações. Ela começa com o surgimento de um professor com algo a compartilhar que *não* está imediatamente ligado aos desejos ou «interesses» atuais do aprendiz.

A ideia de «Escola» é, em primeiro lugar, a de uma iniciação séria e organizada em uma herança intelectual, imaginativa, moral e emocional; uma iniciação planejada para crianças prontas a embarcar nela. Sobreposto àqueles encontros casuais com fragmentos de compreensão, àqueles momentos de esclarecimento não procurados e àquelas respostas imperfeitamente compreendidas por serem respostas a perguntas que não foram feitas, existe um currículo ponderado de aprendizado para direcionar e conter os pensamentos do aprendiz, para concentrar sua atenção e para provocá-lo a distinguir e a discernir. A escola é o reconhecimento de que o primeiro e mais importante passo na educação é se tornar consciente de que «aprender» não é uma «túnica inconsútil», que as possibilidades não são ilimitadas.

Em segundo lugar, trata-se de uma atividade de aprendizado por meio do estudo. Essa é uma tarefa difícil: exige esforço. Uma brincadeira é interrompida no momento em que deixa de oferecer satisfação imediata, mas o aprendizado, aqui, é uma tarefa que exige perseverança e aquilo que é aprendido precisa ser tanto compreendido quanto lembrado. É nessa perseverança, nessa disciplina das inclinações, que os indispensáveis hábitos da atenção, da concentração, da paciência, da precisão, da coragem e da honestidade intelectual são adquiridos, e é nela que o aprendiz vem a reconhecer que as dificuldades devem ser superadas, não contornadas. Em uma civilização profusa e complexa como a nossa, por exemplo, a herança das compreensões, modos de pensamento, sentimentos e imaginação humanos deve ser encontrada, na maior parte, em livros ou em enunciados humanos. Mas aprender a ler ou a ouvir é uma atividade difícil e exigente, que tem pouco ou nada a ver com a aquisição de informação. É aprender a seguir, a compreender e a repensar expressões deliberadas de consciência racional; é aprender a reconhecer sutilezas de significado sem exagerar a ponto de cair na loucura da «decodificação»; é permitir que os pensamento do outro representem a si mesmos na sua mente; é aprender em atos de atenção constantemente surpresa a se submeter, a compreender e a responder àquilo que (nessa resposta) se torna uma parte da compreensão que temos de nós mesmos; e só se pode aprender a ler lendo com atenção, e apenas a partir de escritos que estejam bem distantes de nossos interesses imediatos: é quase impossível *aprender* a ler a partir de textos contemporâneos.

O terceiro componente da ideia de «Escola» é o distanciamento em relação ao mundo imediato, local do aprendiz, de seus interesses atuais e do direcionamento que isso dá à atenção dele, pois esse (e não «ócio» ou «brincadeira») é o verdadeiro sentido da palavra *schole*. A «escola» é um lugar à parte em que o herdeiro pode encontrar sua herança moral e intelectual não nos termos em que ela está sendo usada nas atividades e ocupações do mundo lá fora (onde grande parte dela está esquecida, negligenciada, obscurecida, vulgarizada ou resumida, e onde ela surge apenas em fragmentos e como investimentos em empreendimentos imediatos), mas como uma propriedade, inteira, ilimitada e livre de ônus. A «escola» é uma emancipação obtida por meio de um redirecionamento contínuo da atenção. Aqui, o aprendiz é animado não pelas inclinações que traz consigo, mas pelas sugestões de excelência e pelas aspirações com que ele ainda nem sequer sonhou; aqui ele pode encontrar não as respostas para as «grandes» questões da «vida», mas para questões que jamais haviam lhe ocorrido; aqui ele pode adquirir novos «interesses» e ir atrás deles sem que essa busca seja corrompida pela necessidade de resultados imediatos; aqui ele pode aprender a buscar satisfações que jamais imaginou ou quis ter.

Uma parte importante dessa herança é composta de linguagens, e em particular por aquela que será a linguagem nativa do recém-chegado. Essa ele já terá aprendido a falar em seus idiomas contemporâneos e como meio de comunicação com outros de seu gênero. Mas na «escola» ele aprende algo a mais, que é também algo diferente. Ali, estudar um idioma é reconhecer as palavras como investimentos no pensamento e aprender a pensar de maneira mais exata; é explorar seus recursos como sendo eles mesmos articulações de compreensões. Pois saber uma língua meramente como meio de comunicação contemporânea é ser como um homem que herdou um palácio transbordante de expressões, sugestões e ecos das emoções, percepções, aspirações e compreensões humanas, e mobiliado com imagens e emanações da reflexão humana, mas que barbaramente entende sua herança como simplesmente ter «um teto sobre sua cabeça». Em resumo, a «escola» é «monástica» no que diz respeito a ser um lugar à parte onde as excelências podem ser ouvidas porque o barulho dos desleixos e das injustiças mundanas é silenciado ou reduzido.

Além disso, a ideia de «Escola» é a de uma transação pessoal entre um «professor» e um «aprendiz». O único equipamento indispensável da «Escola» são os professores: a ênfase atual em aparatos de todo tipo (não apenas em aparatos de «ensino») é quase totalmente destrutiva para a «Escola». Um professor é alguém em quem alguma parte ou aspecto ou passagem dessa herança está viva. Ele tem algo em que é mestre para compartilhar (um professor ignorante é uma contradição) e deliberou sobre seu valor e a maneira como irá compartilhar isso com um aprendiz que conhece. Ele próprio tem a responsabilidade sobre a tutela dessa «prática» em que uma herança de compreensão humana sobrevive e é perpetuamente renovada ao ser compartilhada com recém-chegados. Ensinar é trazer à baila o fato de que, de algum modo, algo de valor planejado por um professor é aprendido, compreendido e lembrado por um aprendiz. Assim, ensinar é uma atividade variegada que pode incluir insinuar, sugerir, incitar, persuadir, incentivar, orientar, ressaltar, conversar, instruir, informar, narrar, repreender, demonstrar, exercitar, testar, examinar, criticar, corrigir, tutelar, praticar e assim por diante — tudo, na verdade, que não vá contra o compromisso de compartilhar uma compreensão. E aprender pode ser observar, escutar, ouvir, ler, receber sugestões, submeter-se à orientação, comprometer-se com a memória, fazer perguntas, discutir, experimentar, fazer anotações, gravar, reexpressar e assim por diante — qualquer coisa que não vá contra o compromisso de pensar e compreender.

Finalmente, a ideia de «Escola» é a de uma comunidade histórica de professores e aprendizes, nem grande nem pequena, com tradições próprias, evocando lealdades, devoções e afetos; dedicada a iniciar sucessivas gerações de recém-chegados à cena humana nas grandezas e sujeições de ser humano; uma Alma Mater que se lembra com orgulho ou indulgência e é lembrada com gratidão. As marcas de uma boa escola são que nela o aprendizado pode ser reconhecido como, em si mesmo, uma satisfação cintilante que não precisa de mais ornamentos para ser recomendada; e que ela oferece a seus alunos o dom de uma infância que será lembrada não como uma passagem de tempo apressada rumo a compromissos mais proveitosos, mas, com gratidão, como uma iniciação prazerosa aos mistérios de uma condição humana: o dom do autoconhecimento e de uma identidade intelectual e moral satisfatória.

Assim, não se pode dizer que essa transação entre gerações tenha um «fim» ou «propósito» externo: para o professor ela é parte de sua atividade de ser humano; para o aprendiz, é a atividade de se tornar humano. Ela não aparelha o recém-chegado para fazer algo específico; não lhe dá nenhuma habilidade particular, não promete vantagens materiais na comparação com outros homens e não aponta para nenhum caráter humano finalmente perfeito. Cada uma das partes, ao participar dessa transação, compreende a importância de manter uma porção menor ou maior de uma herança de compreensões humanas. Esse é o espelho diante do qual ela representa sua própria versão de uma vida humana, emancipada dos modismos das opiniões do momento e livre da tarefa de ter de buscar uma identidade exígua em uma moda passageira, um casaco de lã, um bottom da campanha contra as armas nucleares ou uma «ideologia». A educação não é aprender a fazer *isso* ou *aquilo* de maneira mais proficiente; é adquirir em alguma medida uma compreensão de uma condição humana em que «o fato da vida» é continuamente iluminado por uma «qualidade de vida». É aprender a ser autônomo e, ao mesmo tempo, subordinar-se civilizadamente a uma vida humana.

Agora, essa não é uma caracterização meramente fantasiosa ou visionária da educação. É claro, na longa história do aprendizado dos recém-chegados a uma vida humana adulta, outras ideias de educação diferentes dessas surgiram. Povos com heranças de crenças e compreensões menos complexas tiveram noções adequadamente mais simples dessa transação entre gerações e, claro, há e houve escolas melhores e piores, e períodos melhores e piores na história de qualquer escola. Porém, o que descrevi é aquilo que os antigos atenienses chamavam de *paideia*; e, às vezes de maneira mais seca, às vezes de maneira mais generosa, foi isso que se repassou (com as mudanças apropriadas) das escolas do Império Romano para a catedral, o colegiado, a guilda e as escolas de gramática da cristandade medieval. Tendo como impulso uma vívida consciência de uma herança intelectual e moral de grande esplendor e valor, essa foi a noção de educação que moldou as escolas da Europa renascentista e que sobreviveu em nossas próprias escolas de gramática e escolas públicas e seus equivalentes na Europa continental.

Em tempos recentes, porém, essa compreensão e essa prática da educação foram invadidas a partir de duas direções um tanto diferentes. Em ambos os casos, as forças de invasão reuniram-se durante alguns séculos, e em ambos obtiveram considerável sucesso temporário. Seu objetivo comum é substituir a educação por alguma outra ideia quase completamente diferente de aprendizado da vida adulta, e a «Escola» por alguma outra prática de iniciação quase completamente diferente.

A primeira dessas invasões deve ser reconhecida como um ataque à educação direcionado contra a ideia de «Escola». Ela foi planejada para abolir a «Escola», primeiro deturpando-a, depois, suprimindo-a.

A atividade de educar é uma transação entre gerações em que os recém-chegados desfrutam daquilo que podem adquirir apenas por meio de um procedimento de aprendizado; a saber, uma herança histórica de compreensões e imaginações humanas. A ideia de «Escola» é a de um lugar à parte onde um recém-chegado preparado pode encontrar essa herança sem que ela seja deformada por vieses, negligências, resumos e deturpações que sofre no uso corrente; de uma atividade de aprender, não por acaso, mas por estudo em condições de direção e limitações planejadas para provocar hábitos de atenção, concentração, exatidão, coragem, paciência, discernimento e o reconhecimento de excelência em pensamento e conduta; e de um aprendizado da vida adulta em que ele pode aprender a se reconhecer e a se identificar em termos que não sejam aqueles de suas circunstâncias imediatas.

A doutrina que vamos examinar agora é aquela segundo a qual tudo isso deveria ser substituído por uma arena de autoindulgência infantil da qual tudo que possa conter os impulsos e inclinações e transformá-los em escolhas bem informadas foi propositadamente retirado: um lugar em que uma criança possa ser tão rude quanto seus impulsos a levem a ser, e tão ativa ou tão ociosa quanto for sugerido por suas inclinações. Não deve haver currículo de estudos, nenhuma progressão ordenada de aprendizado. O impulso deve ser deixado à solta em uma confusão indiferenciada chamada de «túnica inconsútil do aprendizado» ou às vezes de «a vida em todas as suas manifestações». Não se tem previsão sobre o que pode ser aprendido e isso é tratado com completa indiferença.

Espera-se que cada criança participe de projetos individuais das chamadas atividades «experimentais» que estiverem de acordo com suas inclinações, que trabalhem nisso à sua própria maneira e pelo tempo que durar sua inclinação para tal. O aprendizado deve ser uma «descoberta» pessoal e, por consequência, torna-se um subproduto incidental, exíguo e imperfeitamente compreendido da «descoberta». Não «descobrir» nada é visto como algo melhor do que ser informado de algo. A criança deve ser protegida contra (aquilo que é visto como) a humilhação de sua ignorância e de surpresas intelectuais, e protegida contra frustrações no ventre de suas inclinações. O ensino deve se limitar a uma sugestão hesitante (preferivelmente sem palavras); instrumentos mecânicos devem ser preferidos a professores, que deixam de ser reconhecidos como responsáveis pela tutela de um procedimento deliberado de iniciação e passam a ser vistos como presenças mudas, como decoradores de interiores que organizam a mobília de um ambiente e como mecânicos que cuidam dos aparatos audiovisuais.

As «descobertas» podem se tornar objetos de discussões em grupo «livres» ou podem ser tema de redações que devem ser respeitadas não por sua inteligibilidade, mas por sua «liberdade» de expressão. Não importa como elas estejam escritas desde que sejam «criativas»; gaguejar com independência é visto como uma conquista maior do que a aquisição da autodisciplina de uma língua materna. Não haverá incentivo para que o gosto floresça em imaginação, ou para que a expressão impulsiva adquira a graça da virtude intelectual, muito menos da exatidão. Ver e fazer têm preferência sobre pensar e compreender; a representação pictórica tem preferência sobre falar ou escrever. A memória, mãe do aprendizado, é desprezada como um vestígio de servilismo.

Os padrões de compreensão e conduta são não apenas ignorados; são tabu. A chamada «disciplina interna» do impulso, somada ao convencimento e à intervenção física, toma o lugar das regras de conduta. Em resumo, a «Escola» deve ser deturpada pela imposição de características de um jardim de infância bastante indiferente: «as escolas secundárias», anuncia-se, «seguirão o caminho já tomado pelas escolas primárias».

Pode-se duvidar que algo exatamente assim exista. O que precisamos pensar não é a prática atual, mas uma doutrina hoje pregada em voz alta por pessoas em posição de autoridade.

Muitos dos autores que acreditam que esse estado de coisas é tanto desejável quanto inevitável não têm relevância. Eles fingem acreditar que a «Escola» como iniciação deliberada de um aprendiz em uma herança de compreensões e propriedades humanas de conduta equivale, necessariamente, a crianças condenadas a uma existência semelhante à de uma prisão em salas de aula que parecem celas, obrigadas, sob ameaça, a seguir uma rotina sórdida, rígida e sem sentido que destrói toda a individualidade, coagidas a aprender coisas que não entendem e que não têm como entender por estarem distantes de seus «interesses» e daquilo com que se depararam até então, o que faz delas vítimas de uma conspiração contra a «vida» que aceitam sua condição degradada apenas porque se rebelar levaria à perda de oportunidades posteriores de empregos lucrativos. Uma repulsa loquaz extraída desse delírio com o uso de uma bobajada sobre a «busca da verdade» e uma suposta compreensão superior da atual geração de crianças é tudo que esses autores têm para sustentar sua farsa de terem pensado sobre educação.

Existem outros, no entanto, que têm (ou são vistos como tendo) razões mais substanciais para promover essa abolição da «Escola». Existem, por exemplo, aqueles para quem *qualquer* herança de compreensões humanas, longe de ser algo digno de estima, de evocar gratidão e fazer com que uma criança fique feliz por estar viva e desejando avidamente se tornar humana, é um fardo insuportável. «Digo para mim mesmo», escreve um desses autores que gostariam de se exilar da condição humana, «que felicidade seria me atirar no Rio Lete, apagar completamente de minha alma a memória de todo conhecimento, de toda arte, de toda poesia; que felicidade seria atingir a margem oposta, nu, como o primeiro homem».

Parece apropriado que essa pessoa visse na educação e na «Escola» (independente de ser bem administrada) nada além de uma frustrante intrusão na abençoada inocência, digna apenas de ser abolida e substituída pela atividade «experimental» de exploradores não guiados com inteligências virgens. Mas isso é uma ilusão. Essa aspiração, expressa de modo tão elaborado em termos de uma mitologia humana relembrada, é em si um sentimento histórico humano. O que está sendo celebrado aqui não é o desejo de ser libertado de uma herança de compreensões humanas, mas um sentimento que é um dos componentes mais tocantes e mais delicados de nossa herança de compreensões humanas: aquela suave nostalgia que está no cerne de toda a poesia europeia, aquela imagem da libertação impossível, com que nos deparamos apenas ao sermos instruídos. O que está sendo expresso é uma compreensão da condição humana que jamais poderia ser em si mesma uma razão para abolir a educação.

Uma defesa que está mais em voga desse projeto de abolir a «Escola» surge não da crença de que *qualquer* herança de compreensão humana seja frustrante, mas da convicção de que aquilo que supostamente seria nossa única herança significativa (a saber, aquilo a que se chama «conhecimento científico») é ao mesmo tempo tão recente e passa por um processo tão rápido de transformação que «entulhar crianças com esse corpo formal de conhecimento que rapidamente se tornará uma antiguidade» é nitidamente uma perda de tempo. Onde não há uma herança «relevante» de compreensões humanas, onde aquilo que ontem era a fronteira do conhecimento amanhã é uma pilha de ideias tolas; quando estamos no meio de uma revolução tecnológica em que as habilidades e os padrões de conduta são fugazes, não há espaço para aprender aquilo que não seja «investigação criativa» ou para uma «educação» que não seja uma atividade de resolver um problema tecnológica. A «Escola», sem dúvida, era muito adequada àqueles que eram obrigados a buscar compreensões a partir de seus ancestrais, mas agora tanto a educação quanto a «Escola» são anacronismos: não há nada a ser aprendido.

No entanto, esse projeto de abolir a «Escola» não é uma aventura nova, e essas aspirações e afirmações não chegam a fazer justiça à sua antiguidade e às crenças usadas em sua defesa. A noção atual de que a «Escola» e a educação deveriam ser substituídas por um aprendizado da vida adulta em que o recém-chegado participa de uma atividade de «descoberta» e de «exploração» por conta própria é uma espécie de vestígio maltrapilho do erro segundo o qual a única herança que uma geração tem a transmitir à seguinte é uma herança de informações sobre «coisas» transmitidas em palavras, e que por isso deve ser vista com desconfiança.

O conhecimento, dizia a doutrina, deriva unicamente da experiência e da observação das «coisas»; e ele representa «o império do homem sobre as coisas». E onde se trata de conhecimento sobre nós mesmos não se trata de uma compreensão moral sobre a «dignidade» do homem, mas do conhecimento de processos psicológicos. Esse conhecimento é registrado em palavras e em palavras é repassado adiante. Não seria um mal caso essas palavras fossem sempre relatos precisos sobre «coisas», mas na maior parte das vezes não é isso que acontece; palavras são imagens distorcidas de «coisas» e distorcem a informação que pretendem transmitir. «Palavras obstruem a compreensão.» Se, portanto, formos honestos sobre o conhecimento, ele é composto de «coisas sólidas», e não de palavras, e as coisas é que deveriam ser «os objetos de nossa atenção». «A primeira enfermidade do aprendizado acontece quando os homens estudam palavras e não coisas.» Se queremos educar, não devemos tentar transmitir nossas observações para outras pessoas por meio de palavras pois «o conhecimento deveria ser repassado e insinuado pelo mesmo método como foi obtido», ou seja, por um investigador fazendo ele próprio a observação de «coisas» e fazendo suas próprias descobertas. Além disso, esse não é apenas o modo adequado de se aprender, ele também traz a promessa de descobertas genuínas; pois importantes «descobertas» são muitas vezes feitas de modo acidental por pessoas sem grande inteligência; elas podem ocorrer a uma criança que esteja seguindo o impulso de «descoberta».[1]

Venho citando textos de Francis Bacon, que pode ser reconhecido como o pai desse projeto de abolir a «Escola». Na verdade, vale notar que ele fez o que pôde para impedir a fundação de uma escola que se tornaria famosa, a Charterhouse, alegando que ela se ocuparia, como outras escolas do gênero, da tarefa equivocada de iniciar novas gerações de meninos em uma herança de compreensões humanas. Nos escritos de Bacon, claro, existe muita coisa além dessa doutrina, e também há algo para modificá-la; mas numa época hoje tão remota encontra-se o início, não de uma mera sugestão que pudesse ser vista como um acréscimo valioso a nossos métodos de educar os muito

---

1 «O estudante que tenha um referente vocacional externo a seus estudos sempre tem a possível justificativa para suas ideias mais estúpidas — o fato de que elas funcionam.» E. E. Robinson, *The New Polytechnics*. Londres, Cornmarket, 1968.

jovens (por exemplo, «incentivar as crianças a observar e a tocar»), mas dessa compreensão equivocada sobre a atividade educacional em si, com seu slogan frequentemente citado, «Coisas, não palavras»,[2] com seu professor taciturno, sua errônea crença de que «a linguagem é apenas um instrumento que nos transmite coisas úteis de se conhecer», sua completa negligência em relação à literatura, a ausência de currículo, seu foco na informação bruta, sua exaltação às inclinações, suas aspirações pragmáticas e com sua convicção de que a identidade de um homem deve ser encontrada não em sua relação com uma herança de compreensões, sentimentos e crenças humanos, mas em sua relação com um mundo de «coisas sólidas» — tudo conforme identifiquei como o primeiro dos projetos atuais para a abolição da «Escola» e para a destruição da educação.

Na doutrina de Bacon e de seus quase contemporâneos, Comenius, Hartlib, Milton *et al.*, «educação» significava não uma transação entre as gerações de seres humanos em que o recém-chegado era iniciado em uma herança de compreensões, sentimentos, imaginações humanos e assim por diante, mas uma libertação de tudo aquilo por meio da aquisição de um conhecimento «objetivo» das obras de um mundo «natural» de «coisas» e «leis» não

---

2 Essa expressão quase sem sentido, que atravessa a história da chamada teoria educacional moderna, teve papel maior do que qualquer outra coisa na deturpação de nossa compreensão da atividade educacional.

contaminadas e de si mesmo como um atributo desse mundo. Essa doutrina logo foi embalsamada em uma série de clichês, cuja repetição ao longo dos séculos seguintes constituiu uma das correntes «progressistas» na moderna teoria educacional. Ela não teve impacto imediato sobre a atividade educacional dos povos europeus, mas surgiu mais tarde como a justificativa de um projeto para abolir a educação.

Porém, os atuais invasores da atividade educacional não se limitam a esse projeto de deturpar as escolas por meio da privação de seu caráter de «Escola»; eles planejam e preveem a sua supressão.

O mais hesitante desses reformadores imagina a dissolução das escolas em termos de uma dissolução da distinção entre «Escola» e o mundo exterior. Sua visão moderada abrange meramente a abolição da criança e da «Escola» como lugar à parte. O que deve tomar seu lugar é um «centro comunitário», uma combinação de parlamento local, um tribunal do povo, uma prefeitura, um centro de informações, uma clínica, uma organização de orientação social, um clube esportivo, um parque de diversões, uma escola politécnica e um «centro cultural». As crianças e os adultos frequentarão o lugar quando sentirem vontade, e ali poderão juntos exercitar suas inclinações e suas energias impulsivas que, no caso das crianças, irão «explodir para além dos limites da caixa que é a sala de aula». Ali, quando chegarem mais ou menos aos doze anos e estiverem emancipados da suposta superstição de que o conhecimento é diverso, eles se tornarão participantes igualitários do mundo comum de atividades adultas e obterão sua «educação» no livro aberto da vida. Nesse centro comunitário a criança-adulto encontrará não professores, mas «agentes sociais treinados». Encontrarão um «ambiente estruturado» que fornecerá infinitas oportunidades para «autoexpressão» e para que ocorram «descobertas imprevistas» e salas equipadas com «equipamentos tecnológicos», com máquinas de ensino programadas e aparatos para transmitir imagens e discursos, emitidos a partir de uma central de curso por correspondência. Ali, alheio aos deveres, livre de frustrações, supostamente emancipado da «intrusão da interferência adulta», ele irá desfrutar de uma «educação» autodeterminada, limitada apenas pela exclusão decretada de qualquer alternativa. Pois, é claro, essa supressão da «Escola» acontecerá apenas com uma dissolução de escolas comparável à dissolução dos monastérios na Europa do século XVI; será obra de governos «esclarecidos».

Outros conseguem ver ainda mais além desse singelo salão de jogos ou parque de diversões para todas as idades. Inspirados pela promessa trazida pelas recentes invenções mecânicas, preveem um futuro em que cada casa se tornará «a unidade básica de aprendizado». Ela conterá «um console eletrônico conectado a um sistema de computadores central e a uma rede nacional de televisão». Toda a «educação» partirá de um «núcleo educacional central. As crianças já não precisarão ir à escola», nem terão de «acotovelar-se a caminho da sala de aula». Cada criança, ao toque de um botão, terá acesso a um «pacote de aprendizado», programado para uso individual. Ela «digitará numa superfície semelhante a uma tela de televisão em resposta a instruções gravadas reguladas por um computador»; e, «ao toque de um botão, professores poderão ver fichas com seu progresso e dar conselhos de acordo com o que veem». Ela poderá «escolher as metas de sua própria educação» e persegui-las em seu próprio ritmo.

Mas o reconhecimento residual da educação que sobrevive nessas propostas ou previsões está fora dos planos de nossos planejadores «educacionais» mais intrépidos, que esperam uma dissolução final tanto da «Escola» quanto das escolas. Eles sugerem não apenas a abolição da criança, mas a abolição do homem. A criança que pergunta a si mesma «O que devo aprender e onde está a máquina para me ensinar?» será substituída pelo engenheiro social ocupado com a questão «Que espécie de ser humano queremos e como será mais fácil fabricá-lo?». «As possibilidades», escreve um desses visionários, «desafiam virtualmente a nossa imaginação». Aqui, apesar de uma suposta preocupação com a educação, qualquer simulação de ensino, aprendizado ou compreensão foi abandonada. Crianças desejáveis serão o resultado de seleção genética controlada, e seu «comportamento» será determinado por cérebros estimulados por correntes elétricas e pela injeção de extratos de outros cérebros mais notáveis, pela inoculação de produtos químicos e por outros processos irresistíveis de condicionamento. Com o surgimento dessa raça de zumbis, que se comportam de maneira impecável, que não estão expostos a neuroses, não sofrem com frustrações, não se preocupam com suas próprias identidades (porque não precisam de uma), mas que não podem compreender nem agir, «os melhores sonhos do homem», diz esse mesmo professor de educação, «parecem quase ao alcance de nossas mãos».

Deformar a Escola privando-a de seu caráter de atividade séria de aprendizado por meio do estudo, e aboli-la seja por sua assimilação a atividades, «interesses», injustiças e simplificações de um mundo local, ou pela substituição por uma fábrica de zumbis, são, portanto, dois lados do atual projeto de destruição da educação. Trata-se de um projeto para abolir o homem, primeiro tirando dele sua herança, e depois aniquilando-o. O fato de que algumas pessoas envolvidas nessa iniciativa representem sua doutrina como uma compreensão aperfeiçoada da atividade educacional, e o fato de elas afirmarem ser amigas e emancipadoras das crianças não são inesperados; porém, a afirmação é falsa, e sua representação é uma fraude.

Embora essa iniciativa e as doutrinas que lhe dão base sejam os mais cuidadosamente concebidos dentre os atuais projetos de abolição da atividade educacional, eles não esgotam a ameaça atual à educação. Vou concluir com uma breve consideração sobre outro projeto que, cada vez mais, tem servido como impedimento a essa atividade e que agora ameaça suprimi-lo.

A atividade de educar pode ser frustrada pela convicção de que não existe uma herança de compreensões e crenças humanas a que iniciar um recém-chegado; ou pela crença de que essa herança existe, mas que, como ela não tem nenhum valor, o aprendizado de cada nova geração que chega à vida adulta deveria ser uma rejeição cerimonial àquilo que nos deformaria mesmo se apenas o examinássemos, seguida de «uma discussão perturbada e perturbadora» em que cada geração dá origem a suas próprias compreensões, governada (devemos supor) por uma abnegada determinação de não inibir o «progresso» revelando-as à geração seguinte.

No entanto, ela pode ser frustrada (e na verdade, em um sentido importante, completamente frustrada) pela crença de que, embora possa haver uma considerável herança de compreensões, sentimentos, crenças humanas etc., que poderiam levar um recém-nascido a se libertar do domínio de seu mundo imediato e vir a compreender a si mesmo e a se identificar como um ser humano civilizado consciente de padrões de excelência de pensamento e conduta que refletem pouco ou nada nos empreendimentos atuais e nas atividades desse mundo, essa identidade é algo que desvia o foco e que também é «socialmente perigosa». Ela leva a pessoa a tirar seu foco das ocupações cotidianas da vida e, como se trata de uma identidade que não pode ser obtida por todos de maneira igualitária, sua tendência é mais «divisiva» do que integradora. O aprendizado do recém-chegado à vida adulta, então, deveria ser uma iniciação não nos *grandeurs* da compreensão humana, mas nas habilidades, atividades e empreendimentos que constituem o mundo local em que ele está e no qual nasceu. O postulante à vida adulta é convidado a procurar a si mesmo e a aprender a se representar em termos de um papel que lhe foi atribuído ou que ele escolheu em uma associação de *fonctionnaires*.

A isso vou chamar de substituição da educação pela «socialização». Ela deve ser entendida como uma frustração da atividade educacional e uma destruição da «Escola» porque atribui ao ensino e ao aprendizado que compõem essa aprendizagem um «fim» ou «propósito» extrínseco; a saber: a integração do recém-chegado a uma «sociedade» atual vista como uma multiplicidade de habilidades, atividades, empreendimentos, compreensões, sentimentos e crenças exigidos para mantê-la funcionando; em resumo, «para criar os homens mais *correntes* possíveis, sendo que *corrente* tem aqui o mesmo sentido que quando a palavra é usada em relação à moeda do país».[3] Essa pode ser entendida como uma frustração diferente em relação à atividade educacional se comparada com as que já mencionei; embora, claro, possa haver conexões contingentes entre elas.

A crença de que a educação deveria ser substituída por aquilo a que chamei «socialização» deve ser diferenciada, em primeiro lugar, da crença segundo a qual vivemos em sociedades que, por serem associações de seres humanos, dependem de que seus membros

---

3   Nietzsche, *Über die Zukunft unserer Bildungsanstantet*, I.

sejam humanos, ou seja, de que sejam em certo grau pessoas instruídas. Acreditar nisso não é atribuir um «propósito» extrínseco à atividade na qual essas pessoas adquirem um caráter humano; «ser humano», aqui, é reconhecido não como um meio relativo a um fim (ou seja, viver com outros seres humanos), mas como uma condição em relação à qual não faz sentido pedir uma justificativa no que diz respeito a seres humanos. Que outra coisa eles deveriam ser? Em segundo lugar, deve-se distinguir isso do reconhecimento de que as qualidades das pessoas instruídas frequentemente serão valiosas no desempenho de funções «sociais», pois, embora uma atividade educacional não seja planejada para *produzir* pessoas que exerçam funções «sociais» (é isso que se quer dizer quando se afirma que não há um propósito extrínseco), ela também não é planejada para gerar pessoas «socialmente» inúteis.

O projeto de que nos ocupamos agora pode ser descrito de maneira mais precisa como aquele que substitui as considerações educacionais por considerações «sociais» no aprendizado dos recém-chegados à vida adulta. Claro, essa substituição de um conjunto de considerações por outro é hostil à atividade educacional e à ideia de «Escola», não por necessariamente excluir tudo o que possa ter valor educacional, mas porque tudo que seja admitido nesse aprendizado será admitido somente em função de seu suposto valor «social» e será reconhecido somente em relação a um suposto propósito social. «Serviço à comunidade» é uma expressão suscetível a uma variedade de interpretações em relação à «educação» — ela pode privilegiar habilidades raras ou uma igualdade banal — mas, independentemente de qual seja a finalidade a que se propõe esse preparativo que substitui a educação, a «socialização» tomou o lugar da atividade educacional.

O atual projeto de substituir a educação pela «socialização» e as escolas por instrumentos de «socialização» surgiu, pelo menos no que diz respeito à Europa, de um projeto algo diferente, promovido ou levado a cabo basicamente pelos governantes dos modernos Estados europeus a partir de finais do século XVII. Aqui refiro-me não às atividades desses governantes (tanto católicos quanto protestantes) a respeito da atividade educacional em si, quando, a partir do século XVI, eles gradualmente usurparam a *autoritas docendi* da igreja medieval. Essas atividades frequentemente eram vastas e, evidentemente, planejadas para promover a integração das pessoas que eram governadas. Entre elas estavam limitações confessionais impostas tanto a professores quanto a alunos nas escolas e universidades, mas fora isso não modificaram de maneira significativa a atividade educacional. Elas eram, na maioria das vezes, o exercício da autoridade eclesiástica que havia caído nas mãos do soberano civil, e as muitas escolas e universidades fundadas nessa época sob permissões reais ou ducais ou por benfeitores privados eram instituições similares àquelas que já existiam. Elas só eram novas por refletirem as mudanças na atividade educacional que vinham do «novo aprendizado», mudanças relacionadas à nova apreciação (em curso desde o século XV) da significativa herança de compreensões humanas a ser repassada adiante. Além disso, em épocas posteriores os governos passaram a ter amplo controle sobre a educação de seus súditos, sobre o currículo das escolas e sobre a nomeação de professores, mas sem impor considerações hostis à atividade educacional e à ideia de «Escola». O que me interessa aqui não é nada disso, mas um projeto que corre em paralelo a esse, a oferta de uma *alternativa* à educação.

Em muitos Estados alemães (especialmente na Prússia), na França, no Império Britânico e em outros locais, o que se iniciou em princípios do século XVIII não foi uma tentativa de mudar o caráter das escolas e universidades nem de modificar a atividade educacional; era o projeto de oferecer algum tipo de aprendizagem alternativa sobre a vida adulta para aqueles que, principalmente em função de sua pobreza, não contavam com nada ou quase nada do gênero. Esses, a *canaille*, como os governantes «esclarecidos» da Europa continental tão graciosamente os chamavam, passavam a ser vistos como um peso. Fortemente agarrados aos costumes tradicionais, confrontados por mudanças econômicas e tecnológicas, incapazes de conseguir se manter, eles estavam condenados a dar uma contribuição inadequada ao empreendimento produtivo das sociedades em que nasceram. O projeto era equipar seus filhos com algumas habilidades modestas porém mais modernas que permitissem que eles se tornassem um ativo mais do que um peso para «a nação». Eles deviam aprender a ler, a escrever, a calcular, a medir, a «receber ordens», a ler e a desenhar diagramas, a compreender transações em dinheiro, e, em geral, receber instrução religiosa. Assim equipados, pensava-se que eles seriam capazes de dar uma contribuição maior ao bem-estar da «nação» e começar a se reconhecer de modo mais claro como componentes inteligentes de seus recursos naturais, seu «capital humano». Reconhecia-se inclusive que um soldado completamente ignorante em certo grau era um peso, e os exércitos permanentes do Continente na época eram grandes. Além disso, esse projeto de «integrar» os pobres «à comunidade», equipando-os para se tornarem membros mais úteis, era visto como uma promessa de um sistema nacional da chamada «educação», uma *education publique* ou uma *education nationale*, em si um emblema da doutrina emergente segundo a qual os governantes têm o direito de instruir seus súditos e de que os súditos (especialmente os pobres) têm um dever de contribuir para o bem-estar da «nação».[4] Na Inglaterra, havia um reconhecimento semelhante do desperdício de recursos que a ignorância dos pobres significava, porém esse tipo de instrução vinha sendo oferecido de maneira desigual desde o final do século XVII em escolas paroquiais e de caridade e em escolas criadas ou assumidas por organizações como a Sociedade para Promoção do Conhecimento

---

4 Hobbes havia sugerido anteriormente que essa alternativa para a educação deveria ser dedicada meramente ao ensino do dever da «obediência» ao soberano civil.

Cristão e posteriormente a National Society. Apenas mais tarde o governo começou a desempenhar algum papel nisso, e mesmo então a doutrina continental de que as crianças (especialmente as crianças pobres) pertenciam ao «Estado» demorou a criar raízes.

Assim, em paralelo ao colegiado e às escolas de gramática da Inglaterra e a seus equivalentes no Continente, surgiu um aprendizado da vida adulta distinto tanto por sua brevidade quanto por ser dirigido com base em considerações «sociais», e não educacionais. Esse modelo foi planejado para satisfazer aquilo que já era visto como «as necessidades da nação», e acreditava-se que o bem-estar da «nação» exigia que essa instrução dos filhos dos pobres fosse adequada a suas futuras ocupações. As instituições em que essa instrução era oferecida eram, em toda parte, uma mescla do velho e do novo e refletiam heranças locais. Essa alternativa à educação surgia das escolas de vilarejo sobreviventes da tradição da cristandade medieval, que dependiam das incertezas da caridade local e da energia do padre da paróquia e, sem dúvida, por muito tempo continuaram expostas a esses problemas. Mas esse modelo surgiu claramente quando, em geral sob direção de um governante, essas incertezas foram diminuídas, quando a frequência se tornou compulsória e quando seu propósito extrínseco foi compreendido e formulado de maneira mais precisa.

Essa alternativa à educação, planejada originalmente para os pobres e como um projeto de «socialização» era, evidentemente, sensível às mudanças «sociais», e com o surgimento de ocupações industriais foi consideravelmente ampliado. Na Inglaterra, por exemplo, no início do século XIX, além das escolas de paróquia e de caridade, surgiram escolas privadas e «academias» criadas para atender, não os pobres, mas os numerosos postulantes aos cargos administrativos e às demais funções de uma sociedade industrial e comercial; e desde aquela época despontou gradualmente em todos os países europeus, como uma alternativa à educação, um aprendizado sistemático voltado à vida doméstica, industrial e comercial de um Estado «moderno».

O modelo foi continuamente repensado, reorganizado, redesenhado e aprimorado. Foi ampliado em resposta a novas «necessidades»; o período de tempo que ele cobre foi estendido e as qualificações que ele confere se tornaram mais precisas e devem ser conquistadas por meio de feitos mais exigentes. Mas seu caráter geral permaneceu o mesmo. Hoje, na maior parte dos países europeus, existe uma etapa primária em que se aprendem o alfabeto e os números e eles são praticados; uma segunda etapa em que esses domínios são ampliados e no qual algum conhecimento geral (particularmente aquilo a que se denomina conhecimento «científico») é adquirido; e uma terceira etapa em que alguma habilidade ou técnica especializada é ensinada em um estágio, uma Escola Técnica, uma Faculdade Tecnológica, uma Politécnica ou um estabelecimento particular que pode ter cursos durante o dia todo ou nos intervalos de um emprego. Esse modelo hoje abrange quase todas as habilidades, técnicas, ofícios, profissões e ocupações em que as «necessidades da nação» são satisfeitas. Durante os últimos cinquenta anos mais ou menos todas as etapas (e não apenas as iniciais) passaram cada vez mais para a direção e controle de governos; e até onde foi o caso, o modelo se tornou suscetível ao tipo de cálculo de «recursos humanos» onde «a nação» é compreendida como uma soma de habilidades e ocupações entrelaçadas, cada uma com seu estabelecimento ideal. Como há muito tempo esse modelo deixou de ser meramente o aparelhamento dos pobres negligenciados para que eles possam oferecer uma contribuição maior e mais variada para o bem-estar da «nação», foi preciso encontrar outras razões para defender e tornar inteligível essa alternativa à educação, especialmente na segunda etapa. Em grande parte essas razões se basearam nas crenças de que as «necessidades da nação» não podem ser atendidas de nenhum outro modo e que existem crianças para quem os ardores da educação seriam uma atividade nada proveitosa; porém em alguns lugares suplementou-se essa argumentação com a afirmação de que isso, em si, é educação, e não uma alternativa a ela.

Esse aprendizado da vida doméstica, industrial e comercial foi, no início, independente da atividade educacional que acontecia nas escolas e universidades. Havia, claro, conexões entre eles. Muitos dos alunos que entravam nas escolas de gramática (e, antes da invenção das escolas «preparatórias», nos cursos colegiais), vinham de *petty schools* e escolas paroquiais, e tanto na Alemanha quanto na França os alunos dos *Gymnasia* e dos *lycées* vinham dos *Gemeinder* e das escolas *communaux*. As pessoas que supriam aquelas que eram vistas como as «necessidades profissionais da nação» (advogados, médicos e assim por diante), assim como muitos que entravam para a indústria e para o comércio, eram pessoas que se qualificavam para suas profissões ou que aprendiam seu ofício depois de terem passado pela escola e talvez pela universidade. Mas isso pouco se refletia na atividade educacional em si: o surgimento de uma «classe militar» ou de um «lado matemático» era uma modificação insignificante.

Além disso, apesar de seu esquema «social», a alternativa à educação jamais deixou de ter características educacionais. Em seu começo, quando ela se ocupava de crianças de até onze anos, mais ou menos, talvez o seu único elemento significativo de cultura, a única sugestão àqueles que desfrutavam dela de que eles poderiam se ver como algo além e acima de unidades potenciais daquilo que viria a ser visto como um «sistema produtivo» era a instrução religiosa, vista com maus olhos na França, mas que em todos os outros países era parte do currículo. Esse ensino catequético não pode ter sido muito inspirador, mas pelo menos sugeria uma identidade e uma «qualidade da vida», além do «fato da vida»; nas histórias bíblicas pelo menos era possível discernir ligeiramente algo semelhante a uma herança de compreensões humanas; e para muitos a Bíblia era a única «literatura» familiar. Há muito tempo essa etapa «primária» se tornou o campo principal do experimento educacional que teve como ambíguo resultado torná-lo, na maior parte dos países europeus, ao mesmo tempo mais e menos adequado como preparação para a «Escola». De modo semelhante, quando o período coberto pela segunda etapa dessa aprendizagem da vida adulta foi um pouco ampliado,[5] seu currículo «socialmente» planejado adquiriu alguns traços que, embora possam ter sido adotados por razões «sociais», traziam em certo sentido a promessa de serem educacionais; por exemplo, um vislumbre do atual mito da história da nação.

Nosso interesse, no entanto, não está nos possíveis traços educacionais dessa alternativa histórica à educação (cuja segunda etapa, no que diz respeito à Inglaterra, foi reexaminada pelo Comitê Hadow em 1926),[6] mas sim na

---

5 Na Inglaterra, mesmo no princípio do século XIX, algumas escolas da National Society e de outras organizações educacionais atendiam crianças de até catorze anos; e nos lugares em que isso ocorria ensinava-se línguas estrangeiras e até mesmo algum latim.

6 Os leitores lembrarão que os termos de instalação do Comitê Hadow exigiam que ele ponderasse sobre aquilo que tinha passado a se chamar «educação secundária», ou seja, uma alternativa «pós-primária» à educação até os quinze anos de idade. Todas as páginas do relatório (e inclusive a sua revisão histórica) mostram sua preocupação com um aprendizado da vida adulta que devesse ser agradável para aqueles que desfrutassem dele ao

invasão que a atividade educacional do modo como existia nas escolas e universidades da Europa sofreu dessa alternativa, pois, depois de uma breve mas não totalmente ineficaz tentativa de estender a oportunidade de educação para mais pessoas que jamais tinham desfrutado dela, esse se tornou o mais notável traço da história da «educação» na Europa: o projeto de *substituir* a educação pela «socialização».[7]

Por «socialização» (deixe-me repetir) refiro-me a uma aprendizagem da vida adulta — ensino, treinamento, instrução, compartilhamento de conhecimento, aprendizado etc. — dirigida por um propósito extrínseco. A versão mais comum dessa alternativa à educação foi a que surgiu dos esforços dos governantes e de outras

---

refletir os «interesses» que imaginavam carregar consigo e seu «ambiente social e natural», que devia ser adequado ao que se presumia serem suas capacidades intelectuais e que devesse revelar a conexão entre «vida e subsistência». O Relatório Hadow talvez tenha sido o último a se ocupar expressamente de uma alternativa à educação.

7 Investigações posteriores promovidas por governos (com destaque para o Relatório Newsom e para o Relatório sobre Educação Superior, e muitos dos Documentos de Trabalho do Conselho Escolar, por exemplo os de n° 7 e 11), embora por vezes pretendessem se ocupar da atividade educacional, ocuparam-se principalmente dessa substituição; ou seja, das deturpações da atividade e das extensões das alternativas exigidas para fazer com que elas atendessem às «necessidades da nação».

pessoas para equipar os pobres para que eles dessem uma contribuição mais efetiva ao bem-estar da «nação», e que desde então foi se sofisticando e se transformando em uma série mais ou menos sistemática de arranjos para compartilhar com sucessivas gerações o conhecimento e as habilidades necessárias para sustentar os empreendimentos e atender às necessidades características de uma moderna sociedade industrial e comercial. Aqui o projeto de substituir educação por «socialização» é o da imposição à atividade educacional de considerações que abrangem esse propósito extrínseco. A outra versão notável de uma alternativa «social» à educação surgiu mais recentemente e vai numa direção diferente, a saber, a de um aprendizado da vida adulta dirigido pela consideração «social» de que é necessário oferecer o mesmo para todas as crianças. O projeto é reduzir ou abolir as disparidades de oportunidade, gerando assim uma sociedade «plenamente integrada». Aqui, no entanto, o projeto e sua imposição à atividade educacional são inseparáveis: ele próprio exige que todas as escolas sejam iguais e que nenhuma seja uma «Escola».

Os principais agentes da realização desse projeto, é claro, foram os governos; e para executá-lo foram feitas propostas de legislação de várias dimensões e de diferentes graus de franqueza. Trata-se de um projeto concomitante àquela compreensão «esclarecida» de governo em que os governantes são vistos como gestores de uma associação determinada à realização de algum «propósito» substantivo ou ao gozo de satisfações substanciais e na qual a «educação» é compreendida meramente como um meio para se chegar ao fim escolhido. Em uma versão desse projeto, trata-se, para nós, de uma história antiga. Em 1821, foi proposto no Parlamento um projeto que tentava exigir que os cursos colegiais e as escolas de gramática da Inglaterra (à exceção de Eton e Westminster) oferecessem o tipo de treinamento elementar e vocacional que estava sendo oferecido nas escolas paroquiais e de caridade e em «academias» privadas e instituições de todo tipo criadas para esse propósito. Há exemplos de escolas de gramática na época desviando dos termos de sua fundação para se engajar nessa atividade. A outra versão desse projeto, mais recente, o projeto de substituir a educação por uma aprendizagem da vida adulta dirigida pela consideração da «integração social», pode ser ilustrada pelas propostas de um de seus defensores. «É hora», escreve ele, «de nos perguntarmos com maior rigor se as atuais diferenças curriculares entre as escolas são socialmente divisivas», e ele sugere que aquilo a que chama de «disciplina linguística» do latim é divisiva e que *por isso* deveria ser abolida. Quando passa a especular sobre a «cultura comum» a ser disseminada nessa alternativa à educação, seu projeto é inequivocamente a abolição da «Escola»: ela deve se basear em discursos flexíveis, precisos e sensíveis, na escrita criativa, num cultivo das artes vivas, numa avaliação das mídias de massa e num interesse pelos assuntos internacionais.

Não me proponho a seguir a história ou a prever os destinos desse projeto de substituir a educação pela «socialização». Na maior parte da Europa tem sido um processo lento, animado por alguns momentos dramáticos e dirigido pela imbecilidade característica do fanatismo político. O projeto nasceu muito antes de se tornar uma política; e aqueles que poderiam ter se dedicado a tornar disponível a oportunidade da educação para mais pessoas que até então tinham acesso apenas a uma alternativa, dedicaram-se, em vez disso, à sua extinção. Onde os governos já controlavam o que quer que existisse em termos de genuína atividade educacional, assim como a atual alternativa a ela, a tarefa de assimilar uma coisa à outra não foi difícil. O resultado (como na Rússia) foi um único «sistema» de aprendizagem da vida adulta que, embora possa permitir considerável diversidade interna, é totalmente subordinado a considerações «sociais». Na Inglaterra, parte considerável da atividade educacional (incluindo todas as universidades) se vendeu ao longo dos últimos cinquenta anos para aquilo que supostamente era um governo benigno genuinamente interessado com sua dificuldade em circunstâncias difíceis, apenas para descobrir que havia se vendido para a «socialização» e auxiliado em sua própria destruição. O que resta são fragmentos empobrecidos que precisam resistir à ameaça da dissolução. Governos modernos não estão interessados em educação; estão interessados apenas em impor «socialização» de um ou outro tipo aos fragmentos sobreviventes daquilo que já foi uma considerável atividade educacional.

Essa situação, no entanto, não é apenas resultado de uma política legislativa empenhada em negar tudo aquilo que (supõe-se) alguns não desejam ou não têm como aproveitar. O processo jamais teria atingido suas dimensões atuais se não tivesse sido promovido por circunstâncias contingentes e auxiliado por confusão intelectual. O projeto de abolir a educação ao substituí-la por alguma versão da «socialização» encontrou um aliado em alguns atributos desses outros projetos concorrentes para a destruição da «Escola» que já mencionei; ele foi promovido inadvertidamente muitas vezes por inovações na atividade educacional; foi obscurecido pela mais ruidosa controvérsia dos últimos cinquenta anos (aquela ocupada com a medição e a distribuição da chamada «inteligência»); e foi confirmada por um modo deturpado de pensar sobre a atividade educacional em si. É preciso dizer algo sobre cada uma dessas autotraições da atividade.

A alternativa à educação, inventada para que os pobres tivessem algo em vez de virtualmente nada, foi planejada (pela maior parte dos políticos) como uma aprendizagem da vida adulta que, longe de oferecer uma libertação do entorno, das injustiças e das simplificações do mundo local e contemporâneo do aprendiz, reproduzia esse mundo em termos já familiares e oferecia ao aprendiz mais informações sobre aquilo que já estava a seu alcance e habilidades em que já se supunha que ele estivesse «interessado» por já ter consciência delas por usá-las ou por seus próprios talentos. A atividade não era a de iniciá-lo em uma herança humana difícil e pouco familiar de realizações e sentimentos, mas dar a ele uma compreensão mais firme daquilo que era visto como «relevante» para ele mesmo do modo que ele era e para os «fatos da vida». Não se devia colocar o aprendiz no caminho da autocompreensão em um novo contexto ou fazer com que ele passasse por um renascimento em que adquirisse uma identidade mais ampla; ele devia meramente ser provocado a ver-se de modo mais claro no espelho de seu mundo atual. Aqueles que promoveram essa alternativa à educação acreditavam que seus produtos seriam «membros mais úteis da sociedade». Eles já não confundiam essa aprendizagem da vida adulta com a atividade educacional, assim como não confundiam a escola paroquial com a escola de gramática, a *école communale* com o *lycée*, a escola «pública» com a Boston Latin School, a *Realschuite* com o *Gymnasium*, a «escola secundária» (no sentido de Hadow) com a escola de gramática ou com o curso colegial, ou a faculdade tecnológica com a universidade.

No entanto, o projeto dessa alternativa à educação está relacionado conceitual e historicamente ao que pretendia ser uma compreensão mais apurada da atividade educacional em si. Ele estava aliado à noção baconiana de «educação» como um interesse pelas «coisas, não palavras», como o «aprendizado a partir da vida» e como a descoberta de «como funciona»; à ausência de um currículo (pode-se confiar que cada dia oferecerá «experiências» a serem observadas) que podem perturbar o aprendiz ao sugerir distinções familiares; à relutância de «impingir às crianças problemas que não se desenvolvem a partir de seus próprios interesses» e à desejada e prevista abolição da «Escola» que vem da dissolução da diferença entre a «Escola» e o mundo local. Em resumo, o projeto político de *substituir* a educação pela «socialização» tem sido sustentado por crenças sobre a atividade educacional em si em que a alternativa surgiu não como um artigo valioso mas confessadamente inferior, planejado originalmente para os pobres, mas como um artigo *educacionalmente* superior. Sem esse apoio (ainda que espúrio) o projeto de substituição teria sido, sem dúvida, muito mais difícil.

Essas crenças tiveram pouco impacto na atividade educacional da Europa; elas eram hostis não aos vícios contingentes das escolas, mas às virtudes embutidas na ideia de «Escola». A atividade (representada pelo *Gymnasium*, pelo *lycée*, pelas escolas de gramática e pelos cursos colegiais e outros congêneres) contava com tradições educacionais capazes de resistir ao projeto que pretendia destruí-la por meio da assimilação de sua alternativa. Mas em tempos recentes houve mudanças no currículo e nos métodos de ensino que, às vezes inadvertidamente, empurraram a atividade educacional na direção de sua alternativa ao permitir que considerações «sociais» expulsassem as educacionais em alguma medida. O surgimento da «ciência» no currículo das escolas e o estudo de idiomas são dois entre os muitos exemplos dessa autodeturpação da atividade educacional.

Caso a «ciência» tivesse entrado na atividade educacional como uma iniciação a uma aventura intelectual reconhecida como um componente da herança de compreensões e crenças humanas sem dúvida esse teria sido um acréscimo benigno e adequado ao que já existia. Mas não foi assim. Em vez disso, a «ciência» pertencia, antes de mais nada, à alternativa à educação, planejada para «socializar», e era reconhecida como informação útil sobre o mundo relacionada a alguma habilidade, ofício ou atividade de manufatura — aquilo que mais tarde o Relatório Hadow denominaria «ciência prática»; e quando, assim compreendida, teve permissão de receber seu diploma para se tornar parte de uma atividade educacional, ela era claramente excêntrica a essa atividade. Ao ser reconhecida nesse ingênuo idioma baconiano como um suposto conhecimento de «coisas» e não de palavras, de objetos e não de ideias, de observações e não de pensamentos, como a *leçon des choses* de Rousseau que ainda aparece no programa do *lycée*, ela teve sua excentricidade confirmada: era impossível ocultar sua insignificância intelectual.

No entanto, a «ciência» de fato encontrou um lugar para si na «Escola». Ela foi, com certa dificuldade, separada de suas considerações vocacionais imediatas; continuou por um longo tempo sendo «informação útil» sobre o mundo natural com que todo homem instruído precisa se familiarizar,[8] mas ao longo do tempo (e ainda há quem tenha memória disso) algo

---

8 Quando Thomas Huxley lamentou a ausência da «ciência» no currículo escolar, o que ele estava lamentando era a ausência de oportunidade para que o aprendiz adquirisse um «ferramental extraído das prateleiras da ciência física», «um

foi feito para dar a ela o reconhecimento como uma das grandes atividades intelectuais da humanidade: sem qualquer sucesso notável, no entanto. Ela não passou a ser ensinada e aprendida com maior seriedade, porém seu lugar no atual arranjo educacional permanece ambíguo: a química, por exemplo, jamais ultrapassou sua condição como um tipo sofisticado de culinária, e a «ciência» ainda é defendida em termos de considerações «sociais», não educacionais: «*Precisamos* de cirurgiões, engenheiros, químicos, psicólogos, cientistas sociais etc. de primeiro nível», e se eles não começassem a trilhar seu caminho já na escola não obteríamos aquilo que é necessário para atingirmos a nossa esperança de abundância.

Houve uma tentativa, estimulada pelas circunstâncias e ligada a uma antiga heresia, de promover a «ciência» em si a uma «cultura» em que os seres humanos identificavam a si mesmos em relação às «coisas» do mundo e a seu «império sobre as coisas»,[9] porém, hoje isso não engana mais ninguém; os garotos escolhem cursar ciência na sexta série não para obter autoconhecimento, mas por motivos vocacionais. Lamentavelmente, ainda não é isso que ocorre com as reivindicações igualmente fraudulentas das chamadas «ciências sociais» que foram empurradas para dentro dos currículos de escolas

---

conhecimento do que a ciência prática fez no último século».

9 Renan opunha a «ciência positiva» ao «humanismo superficial» da educação escolar e a reconhecia como uma cultura moral.

e universidades, mas essa descoberta não pode estar muito longe. Há uma geração elas continuam ativas apenas em função de suas pretensões tecnológicas.

No que diz respeito aos idiomas, a atividade educacional é a de iniciar os aprendizes em uma língua como fonte e repositório de compreensões e sentimentos humanos, e foi isso que os cursos colegiais e as escolas de gramática da Inglaterra e seus equivalentes em outros países fizeram com o latim e o grego e, em menor grau, no que dizia respeito a um idioma nativo. O aprendiz se submetia não a uma «disciplina linguística», mas a uma iniciação às exatidões de pensamento e às generosidades de sentimento, às literaturas e às histórias em que o «fato da vida» era iluminado por uma «qualidade da vida». Quando as línguas modernas se tornaram parte de nossa atividade educacional (primeiro, talvez, nas escolas para meninas) elas foram escolhidas por suas literaturas e sua inclusão tinha como objetivo provocar o leitor a se identificar em termos de uma cultura europeia mais ampla: era ler Lessing e Goethe, Molière e Racine, Dante e Leopardi, Cervantes e Calderón.

A contraparte disso na alternativa à educação era, contudo, um tipo diferente de empreendimento, dominado pela crença de que «a língua é apenas o instrumento que nos transmite coisas úteis a serem conhecidas». As línguas ensinadas eram escolhidas em função de considerações «sociais» (ou seja, comerciais ou locais), não educacionais; e elas eram aprendidas meramente como meios de comunicação.

Foi esse «propósito» extrínseco que tornou adequados os métodos de aprendizado de onde surgiram as máquinas de linguagem audiovisual, os «laboratórios de línguas» e os «assistentes de laboratórios de línguas», em vez de pessoas que tinham um profundo conhecimento das línguas, das literaturas e das histórias que lhe diziam respeito. A suposta virtude das máquinas de linguagem é que «elas ensinam as pessoas a falarem os idiomas com confiança, e fazem isso com rapidez», uma virtude adequada ao projeto; e não haveria mal algum se aquilo que fosse apropriado para a alternativa à educação, tanto em termos de escolha de idiomas quanto de métodos de aprendizado, não tivesse sido levado para a atividade educacional e a deformado. Quando se diz que uma criança deveria estudar um idioma estrangeiro do mesmo modo que aprende sua língua nativa, «escutando as pessoas falarem», o que se negligencia é que na atividade educacional da «Escola» o que ele aprende de seu idioma nativo é precisamente aquilo que jamais poderia aprender «escutando as pessoas falarem».

A autodeturpação das universidades excede à de qualquer outra parte da atividade educacional dos povos europeus. Em outros momentos as universidades inglesas eram guardiãs indolentes da atividade de educar e com a mesma frequência se recuperaram, mas há uma geração elas foram pioneiras em quase todos os projetos governamentais de transformá-las em instrumentos de «socialização», em geral sem sequer precisarem ser subornadas para executar a sua autodestruição. No entanto elas receberam, é claro, um impulso considerável nessa direção, inclusive no Relatório da Comissão sobre Ensino Superior (1963), que as assimila a um sistema da chamada «educação superior», compreendida como um investimento em aprendizes que obtiveram certas qualificações, para equipá-los com habilidades particularmente complicadas e com versatilidades cada vez mais exigidas para que a nação pudesse satisfazer «os objetivos do crescimento econômico» e «competir com sucesso contra outros países altamente desenvolvidos em uma era de rápidos avanços tecnológicos e sociais». Segundo a Comissão, as universidades devem ter um lugar especificamente destinado a elas na «educação superior», mas elas devem se submeter ao propósito extrínseco, às considerações «sociais» que a identificam como uma alternativa à educação. O desastre, aqui, não é que elas estejam sendo inundadas de pessoas que buscam muitas outras coisas, exceto a educação, mas sim sua destruição quase total como atividade educacional.

O projeto de substituir a educação pela «socialização» foi longe o suficiente para ser visto como o fato mais importante deste século, a maior adversidade a ser superada pela nossa cultura, o início de uma era das trevas dedicada à abundância bárbara. Ele surgiu de um plano iniciado há cerca de três séculos (que em si não era nem estúpido nem ameaçador para a atividade educacional) de oferecer uma alternativa à educação para aqueles que, por quaisquer razões, estivessem de fora da atividade educacional. Desde aquela época essa alternativa foi ajustada para responder a circunstâncias em mutação; foi aprimorada e ampliada para compor um aprendizado da vida adulta doméstica, industrial e comercial, gerou uma variedade de versões de si mesmo e, na maior parte das vezes, submeteu-se à direção de governos. Na verdade, ele se tornou aquilo que o mundo que ele ajudou a criar pode reconhecer como uma «indústria de serviços». Foi projetado como uma contribuição para o bem-estar da «nação»; foi bem recebido ou suportado em razão da riqueza que supostamente pode trazer e foram feitas tentativas de calcular seu produto em termos de custos e benefícios. Ele foi então defendido com base naquilo que foi planejado para produzir e na alegação mais questionável de que é o aprendizado mais adequado para certos tipos de crianças. Permitiu-se, contudo, que esse remendo de educação deturpasse a atividade educacional dos povos da Europa, e hoje ele é proclamado como seu desejável sucessor. A usurpação foi iniciada em toda parte.

Mas a vítima desse projeto não é meramente uma atividade educacional histórica (com todos os seus problemas e defeitos); é também a ideia de educação como uma iniciação à herança de compreensões humanas em virtude da qual um homem pode ser libertado do «fato da vida» e se reconhecer em termos de uma «qualidade da vida». A calamidade do projeto só tem equivalente na deformação intelectual daqueles que o levam adiante.

Houve, no passado, defensores ingênuos da versão mais comum desse projeto que acreditavam ser uma lástima haver escolas que não fossem expressamente destinadas a partilhar com os aprendizes informações sobre o mundo em que eles estavam prestes a entrar e que na verdade muitas vezes fracassavam em compartilhar essa informação em quantidade suficiente em função de seu interesse por uma herança de compreensões humanas; porém eles não negavam que essas escolas existiam. Como Bacon, eles reconheciam a Westminster College e provavelmente consideravam que ela tinha certas virtudes, mas preferiam Gresham College; e até mesmo o sr. E. E. Robinson reconheceu a existência daquilo que ele chama de educação «acadêmica», embora ele a deplore como um aprendizado grosseiramente imperfeito da vida adulta quando comparada com o entusiasmo oferecido pelas «novas politécnicas».

Há outros que não negam a diferença, mas que se equivocam quanto à distinção; embora pretendam defender a atividade educacional contra uma versão de «socialização», usam argumentos que simplesmente a identificam com outra versão, e desse modo, talvez inadvertidamente, banem a educação da cena. Existem, por exemplo, autores que se opõem àquela versão da «socialização» em que as considerações que dirigem o aprendizado da vida adulta são um interesse dominante pela «integração social». Porém, o motivo que eles oferecem para sua oposição não é o fato de o projeto ser destrutivo para a atividade educacional, e sim que seu resultado certamente representará um rebaixamento dos padrões daquilo que é atingido e que, consequentemente, não será possível satisfazer as necessidades da sociedade por um constante suprimento de profissionais de primeira classe como engenheiros, médicos, economistas, professores, matemáticos, químicos, técnicos e assim por diante. Até onde se pode ver, as expectativas deles provavelmente se realizarão; em todo caso, esses autores estão corretos ao reconhecer que aquilo a que se opõem é uma calculada indiferença em relação ao empreendimento escolástico e um desejo sincero de impor uma *solidarité de sottise*. No entanto, opor-se a esse projeto com base no argumento de que ele impedirá o surgimento de «uma sucessão de adultos de posse das habilidades avançadas das quais depende a nossa sobrevivência» equivale a render-se à falsa doutrina de que a educação deve ser compreendida como um investimento dos recursos humanos da nação em uma tentativa de não sermos deixados para trás em termos de riquezas pelos Estados Unidos, Rússia ou Japão. Em resumo, esses autores reconhecem uma diferença entre a educação e suas alternativas, mas erram ao crer que a distinção está nos padrões obtidos na busca de um «propósito» extrínseco.

Entretanto, os ferrenhos defensores do projeto de destruir a educação não se deixam deter por um reconhecimento tão persistente da atividade educacional. Eles se dizem pessoas que perceberam uma «verdade» que foi ocultada de outras pessoas por preconceito; a saber, que tudo tem uma «função social», que tudo é o que sua «função social» declara ser e que, consequentemente, jamais houve e jamais haverá uma educação distinta das considerações «sociais» no que diz respeito ao aprendizado dos recém-chegados a uma vida humana adulta. Portanto, diz-se que «a função da escola pública e do sistema universitário [*sic*]» tem sido a de treinar uma elite dominante, que «a escola pública foi desenvolvida para gerir um império», que «as antigas universidades da Europa foram fundadas para promover o treinamento do clero, de médicos e de advogados», que a função de uma universidade moderna é compartilhar «habilidades que exigem treinamento especial», que a maior parte dos alunos de graduação sabe que as coisas são assim e vai à universidade para adquirir essas habilidades, e assim por diante.[10] Diz-se, em resumo, que a educação jamais foi senão um «investimento social» relacionado (muitas vezes de modo imperfeito) às «necessidades de uma sociedade no que diz respeito à instrução». Por consequência (continuam eles), uma reflexão inteligente sobre a educação precisa ser uma reflexão sobre a adequação de uma atividade educacional atual às necessidades de uma sociedade

---

10 Na confusão do parágrafo 25 do Relatório da Comissão de Educação Superior admite-se que uns poucos alunos de graduação vão à universidade em função do propósito extrínseco marginalmente diferente de adquirir «puro conhecimento» (que também precisa encontrar uma «função social para se tornar visível»); porém, não se diz que alguém vá à universidade sem qualquer propósito extrínseco, e sim apenas para dar continuidade à sua educação, porque a possibilidade de uma atividade como essa, de ser educado, está descartada de antemão.

atual; e reformar a educação (quando não se trata meramente de métodos de ensino e aprendizado) significa detectar quais são as «funções» que, juntas, constituem uma sociedade, e imaginar um «sistema educacional» que produza do modo mais econômico as pessoas mais adequadas ao desempenho dessas funções. Quando esses planejadores decidem que o «desenvolvimento econômico», «a luta pela sobrevivência econômica» ou a «permanência na corrida econômica» como a atividade que deve ser atendida, e quando se apresentam como os idealizadores de um aprendizado da vida adulta em que cada criança aprende a se identificar como um membro (talvez distinto do ponto de vista funcional) de uma corporação de desenvolvimento, eles não têm dificuldade em dar a si mesmos a aparência de reformadores benignos, que nada estão fazendo além de libertar a atividade educacional de considerações «sociais» antiquadas e as atualizando. O fato de que seu plano para a «educação» corresponde (com os devidos acréscimos, é claro) à alternativa para a educação formulada no século XVII para os pobres é visto como um tributo ao gênio dos inventores dessa alternativa, que só podem ser criticados por não terem iniciado imediatamente a destruição das escolas e das universidades que estavam, mesmo na época, formando pessoas para funções de importância cada vez menor. Portanto, a destruição de uma atividade educacional ocorre atrás de um véu de absurdos conceituais e de bobagens históricas, agora denominadas de «sociologia da educação», e voltadas a nos convencer de que aquilo que está sendo destruído jamais existiu.

A educação, afirmo, é a transação entre as gerações em que os recém-chegados à cena são iniciados no mundo em que irão habitar. Esse é um mundo de compreensões, imaginações, significados, crenças morais e religiosas, relacionamentos e práticas — estados mentais em que a condição humana deve ser discernida como reconhecimentos à provação da consciência e como respostas a ela. Só é possível entrar nesses estados mentais se eles próprios forem compreendidos, e só é possível compreendê--los aprendendo a fazer isso. Ser iniciado nesse mundo é aprender a se tornar humano; e se mover dentro dele livremente é ser humano, o que é uma condição «histórica», não uma condição «natural».

Assim, uma atividade educacional é ao mesmo tempo uma disciplina e uma libertação; e é uma coisa por ser a outra. É o difícil exercício de aprender por meio de estudo em uma contínua e exigente redireção da atenção e no refinamento da compreensão que exige humildade, paciência e coragem. Sua recompensa é uma emancipação do mero «fato da vida», das contingências imediatas do local e época de nascimento, da tirania do momento e da servidão de uma condição meramente momentânea; é a recompensa de uma identidade humana e de um caráter em certa medida capaz da aventura moral e intelectual que constitui uma vida especificamente humana.

Por consequência, a educação não deve ser confundida com aquela adaptação às circunstâncias em que um recém-chegado aprende os mais recentes passos da *danse macabre* de desejos e satisfações e desse modo adquire um valor «corrente» no mundo. Alguns desses passos, as habilidades «especialmente complexas» de que fala o Relatório da Comissão sobre Educação Superior, tornaram-se intrincados, e aprendê-los é uma tarefa exigente. Mas nada do que um homem possa aprender quanto a isso tem algo a ver com educação.

Faz agora cerca de dois séculos que nossa atividade educacional começou a ser deturpada por lhe terem imposto o caráter de uma escola de dança. Essa usurpação foi promovida pelas crenças confusas sobre a transação em si, e foi levada a cabo por governos «esclarecidos». Trata-se de um processo bastante avançado atualmente. Fragmentos de uma atividade educacional, porém, perduram: escolas e universidades relativamente não deturpadas que não abriram mão completamente do caráter de instituições educacionais e professores que se recusam a ser professores de dança. Além disso, pelo menos no caso de alguns, o desejo de destruir a «Escola» privando-a de seu caráter de uma atividade séria de aprendizado por meio de estudo pode, talvez, ser interpretada como uma tentativa mal orientada de escapar aos pecados da «socialização»: quando ensinar passa a ser uma atividade identificada com a «socialização», a educação se torna a atividade de não ensinar nada. Presa entre esses destrutivos ventos de doutrinas obliquamente opostas, nossa atividade de educar é dilacerada.

A ideia de uma universidade[1]
1950

Uma das minhas teorias favoritas é a de que aquilo que as pessoas denominam «ideais» e «propósitos» jamais são em si mesmos a fonte da atividade humana; trata-se de expressões abreviadas da verdadeira fonte de nossa conduta, que é uma disposição para fazer certas coisas e um conhecimento sobre como fazê-las. Os seres humanos não começam inertes e passam à atividade apenas quando atraídos por um propósito a ser atingido. Estar vivo é estar perpetuamente ativo. Os propósitos que atribuímos a tipos particulares de atividades são apenas resumos do conhecimento que temos sobre como participar daquela atividade.

Esse, por exemplo, é obviamente o caso na atividade que denominamos «ciência». A atividade científica não é a busca de um fim premeditado; ninguém sabe ou tem como imaginar aonde ela irá chegar. Não existe perfeição prefigurada em nossas mentes que possa ser estabelecida como padrão para julgar as realizações

....

1 Este texto, originalmente publicado em *The Listener*, é em parte um extrato de «As Universidades» (páginas 197-249). Contudo, ele contém materiais novos e oferece uma introdução sucinta ao pensamento de Oakeshott sobre o tema, e portanto é reproduzido integralmente aqui. (N.E)

que estão ocorrendo. O que dá unidade, ímpeto e direção à ciência não é um propósito conhecido a ser atingido, mas o conhecimento que os cientistas têm de como conduzir uma investigação científica. Suas buscas e propósitos particulares não se sobrepõem a esse conhecimento, mas surgem dele. Ou, por outra, um cozinheiro não é uma pessoa que começa tendo uma visão de uma torta e depois tenta fazê--la — ele é alguém com habilidades culinárias, e tanto os projetos que ele tiver quanto as suas concepções emergem disso. Ou, para usar um terceiro exemplo, um homem pode acreditar ter uma «missão» na vida, e pode achar que sua atividade é governada por essa «missão». Mas, na verdade, acontece o contrário: a atividade missionária dele consiste em saber como se comportar de um certo modo e em tentar se comportar desse modo; e aquilo que ele chama de «missão» é apenas uma expressão abreviada desse conhecimento e desse esforço.

Por esse motivo, não consigo compreender a conversa atual sobre a «missão» e a «função» de uma universidade; acredito ser capaz de compreender o que se pretende, mas a mim isso parece uma maneira pouco feliz de falar. Essa discussão presume que existe algo chamado «uma universidade», uma engenhoca de algum tipo, da qual você poderia fazer outra amanhã caso tivesse dinheiro o suficiente, e sobre a qual faz sentido perguntar: «Para que» serve isso? E uma das críticas às universidades contemporâneas é a de que elas não deixam tão claro quanto deveriam qual é a sua «função». Isso em nada me surpreende. Há muitas coisas que, com razão, podem ser criticadas nas nossas universidades, mas brigar com elas por não deixarem claro qual é a sua «função» é se equivocar quanto ao seu caráter. Uma universidade não é uma máquina que serve para atingir um certo propósito ou para produzir um resultado específico; é uma maneira de atividade humana. E só seria necessário que uma universidade propagandeasse estar perseguindo um propósito particular caso estivéssemos falando com pessoas ignorantes a ponto de precisarmos usar com elas uma linguagem de bebês, ou caso ela tivesse tão pouca confiança em sua capacidade de incluir aqueles que a procuram a ponto de precisar chamar a atenção para seus encantos incidentais. A minha impressão, no entanto, é que nossas universidades não chegaram tão baixo a ponto de tornar isso necessário. Elas podem não saber «para que» existem, podem ser muito nebulosas quanto à sua «função», porém, acredito que sabem algo muito mais importante — ou seja, sabem como ser uma universidade. Esse conhecimento não é dado pela natureza; é um conhecimento de uma tradição, precisa ser adquirido, está sempre mesclado a erros e ignorância e pode inclusive estar perdido. Mas é só ao explorar esse tipo de conhecimento (que creio não ter se perdido) que podemos esperar descobrir aquilo a que podemos chamar de «ideia» de uma universidade.

Uma universidade é um grupo de pessoas participando de uma espécie de atividade: a Idade Média denominava a isso de *Studium*; nós podemos dar a ela o nome de «busca do aprendizado». Essa atividade é uma das propriedades — uma das virtudes, na verdade — de um modo civilizado de vida; o intelectual tem seu lugar ao lado do poeta, do padre, do soldado, do político e do empresário em qualquer sociedade civilizada. As universidades não têm, no entanto, o monopólio dessa atividade. O intelectual eremita em seu estúdio, uma academia famosa por um ramo específico do conhecimento, uma escola para crianças pequenas, são todos participantes dessa atividade e todos eles são admiráveis, porém não são universidades. O que distingue uma universidade é uma maneira especial de se ocupar dessa busca pelo aprendizado. Trata-se de um grupo de intelectuais, cada um dedicado a um ramo específico do saber: o essencial é a busca do aprendizado como um projeto cooperativo. Os membros dessa corporação não estão espalhados pelo mundo, encontrando-se ocasionalmente ou nem mesmo se encontrando; eles vivem permanentemente próximos uns dos outros. E como consequência estaríamos negligenciando parte do caráter de uma universidade caso omitíssemos que pensamos nela como um lugar. Uma universidade, além disso, é um lar de aprendizado, um lugar onde a tradição do aprendizado é preservada e ampliada, e onde o aparato necessário para a busca do aprendizado foi reunido.

Dos intelectuais que compõem uma universidade, pode-se esperar que alguns dedicassem tempo de lazer ao aprendizado, beneficiando seus colegas com o conhecimento compartilhado na conversa e, talvez, beneficiando o mundo com seus escritos. Um lugar de aprendizado sem esse tipo de intelectual mal poderia ser chamado de universidade. Outros, porém, se dedicarão a ensinar tanto quanto a aprender. Mas novamente aqui é a maneira especial da atividade pedagógica que distingue uma universidade. Aqueles que vêm ter aulas em uma universidade precisam oferecer indícios de que não são meros principiantes; e eles não apenas têm exposto diante de si o conhecimento de seus professores como lhes será ofertado um currículo de estudos, seguido por um teste e pela recompensa de um diploma. Três classes de pessoas, portanto, compõem uma universidade no modelo que nós conhecemos — o intelectual, o intelectual que é também um professor, e aqueles que vêm aprender, os alunos de graduação. A presença dessas três classes e as relações que prevalecem entre elas determinam o lugar característico de uma universidade no projeto mais amplo que denominamos busca pelo conhecimento.

Pensemos na atividade dessas três classes. Todos os que sabem algo sobre o tema sabem que existe uma diferença entre a busca pelo conhecimento e a aquisição de informação. Trata-se de uma diferença sutil, pois um homem mal informado dificilmente poderá ser chamado de erudito. Mas um intelectual é mais do que alguém que coleta trivialidades: ele sabe algo sobre o que está procurando, e pode distinguir entre aquilo que sabe e aquilo que não sabe. O desprezo do mundo pelo «pobre pedante» é frequentemente equivocado; ele julga a atividade do intelectual por seu uso, e a considera pedante quando a percebe como aparentemente inútil. Porém, esse é um falso padrão; o repreensível não é a busca de conhecimento que não tenha uso imediato, nem aquela atenção ao detalhe inevitável no trabalho acadêmico, mas aquele tatear cego em meio a fragmentos de aprendizado que sabe-se serem apenas fragmentos em que a vida acadêmica por vezes degenera. Isso não acontece com tanta frequência quanto o mundo pensa; e é possível que a chance de acontecer em uma universidade seja menor do que em outros lugares.

Não há, na realidade, um modo simples de determinar o que compõe o mundo do aprendizado; nenhum motivo claro — como a utilidade — pode ser encontrado para justificar as suas razões. Elas não representam um propósito premeditado, mas uma tradição em lenta mutação. À medida que os anos passam, novos estudos surgem no horizonte e os velhos estudos são rejuvenescidos por entrar em contato com os novos. Inevitavelmente, cada intelectual é em certo sentido um especialista que cultiva um campo escolhido por ele. Mas é raro acontecer de esse ser um campo muito estreito, e frequentemente um intelectual pode flagrar-se passando de um estudo para outro ou metendo o bedelho em algo que não é seu assunto principal. Entretanto, a busca do aprendizado pode ter a aparência de um empreendimento fragmentário; e mesmo que suspeitemos que essa é a aparência apenas quando se olha de fora, não será exagero perguntar se existe a necessidade de alguma força superior integradora para dar coerência e proporção à busca como um todo.

"Não precisaríamos de um mapa", pode-se plausivelmente perguntar, "um mapa em que as relações entre as partes do mundo do aprendizado sejam claramente exibidas? Será que não seria melhor se houvesse uma cola unindo todas as partes?" E alguns que têm sentimentos mais intensos quanto a isso poderão ser flagrados preenchendo os interstícios entre as ciências com uma maçaroca grudenta chamada «cultura», na crença de que estão atendendo a uma necessidade desesperada. Mas ambos os diagnósticos e também o remédio surgem de um triste equívoco.

O mundo do aprendizado não precisa de nenhum tipo de argamassa para manter-se unido; suas partes se movem em um único campo magnético, e a necessidade de intermediários só surge quando a corrente é injustificadamente cortada. A busca pelo aprendizado não é uma corrida na qual os competidores concorrem pela melhor posição, não é nem mesmo uma discussão ou um simpósio — é uma conversa. E a virtude peculiar de uma universidade (como lugar de muitos estudos) é exibi-la assim, cada estudo surgindo como uma voz cujo tom não é nem tirânico nem melancólico, mas humilde e sociável. Uma conversa não precisa de um diretor, não tem curso pré-determinado, não perguntamos «para que» ela serve e não julgamos sua excelência por sua conclusão; ela não tem conclusão, é sempre adiada para outro dia. Sua integração não é imposta, surge da qualidade das vozes que falam, e seu valor está nos vestígios que ela deixa para trás na cabeça daqueles que participam.

O intelectual, então, é alguém que sabe como participar da atividade do aprendizado; sua voz natural não é a do pregador nem a do instrutor. No entanto, não chega a surpreender que entre os intelectuais encontremos professores, e que a universidade seja um lugar onde é possível ir com a expectativa de aprender algo. Nem todo intelectual tem o carisma que faz um grande professor, mas todo genuíno intelectual inevitavelmente comunica àqueles capazes de reconhecê-lo algo do seu conhecimento sobre como ir em busca do conhecimento. Sua capacidade de ensinar vem da força e da inspiração de seu conhecimento, de sua imersão na busca pelo aprendizado, que pode ser sentida até mesmo por aqueles que não são muito tocados pelas ambições de um intelectual. E mesmo daqueles cujo aprendizado e cujo carisma estão prontos, daqueles que são reconhecidamente capazes de transmitir o que sabem, deve-se esperar que sejam algo diferente de um instrutor assíduo. Pode-se confiar que eles conheçam as regras, porém, eles não se ocuparão muito de ensinar conclusões. Pode-se frequentar certos tipos de faculdades de artes e aprender dez modos de desenhar um gato, uma dúzia de truques para lembrar ao pintar um olho; porém, o intelectual em seu papel de professor irá ensinar não a desenhar ou a pintar, mas a ver. Ele pode ser bem articulado, ou pode achar difícil libertar-se de suas próprias dúvidas e hesitações, porém, sendo um intelectual, não faz parte de seu caráter falar sem uma voz em particular, e ele nada terá a ver com a vulgarização do aprendizado que o considera simplesmente um modo de passar num exame ou de conseguir um diploma.

Pode-se, entretanto, creditar à universidade uma capacidade de ensinar que ultrapassa a capacidade de cada intelectual isolado. Não se trata de uma academia que tira sua inspiração de um único homem de renome, e sim de um corpo de intelectuais que complementam as imperfeições uns dos outros, tanto em termos pessoais quanto acadêmicos. Ela acomoda muitos tipos diferentes de professor, e cada um deles extrai sua capacidade de sua relação com os outros tipos. Quando elogiamos o professor bem articulado que tem uma resposta pronta para todas as nossas perguntas, devemos lembrar que ele não é apenas uma mente superlativamente vívida, mas que frequentemente é também o porta-voz das mentes menos articuladas e talvez mais profundas e originais com que se comunica diretamente: sem essas mentes, ele dificilmente existiria. Uma universidade, portanto, é uma instituição particularmente adaptada à fraqueza e à ignorância da humanidade porque sua excelência não depende do surgimento de um gênio universal — embora ela saiba dar espaço a um, caso ele apareça. Além disso, assim como a Câmara dos Comuns ou uma empresa antiga, ela transmite algo sem ter de ensiná-lo expressamente; e o que ela transmite desse modo é, no mínimo, o modo de conversação.

O intelectual, o professor e por fim aqueles que vêm para ter aulas, o aluno de graduação: ele, ou ela, também tem uma natureza própria. Em primeiro lugar, ele não é uma criança, não é um principiante. Já foi instruído em outro lugar, e aprendeu o bastante, moral e intelectualmente, para se arriscar em mar aberto. Ele não é criança, nem adulto, e encontra-se num estranho momento intermediário da vida em que sabe apenas o suficiente de si e do mundo que passa diante dele para desejar saber mais. Ele ainda não encontrou o que ama, porém também não tem ciúmes do tempo, dos acidentes ou de rivais. Talvez a frase do conto de fadas lhe assente melhor — ele veio em busca de seu tesouro intelectual. Mas, além disso, ele não é o primeiro a passar da escola para a universidade, não é como um estranho que não tem ideia do que esperar, de modo que tudo precise ser explicado na chegada pelo uso de monossílabos. E se a tradição a que ele pertence já lhe tiver ensinado algo, ela provavelmente ensinou que ele não encontrará seu tesouro intelectual, de uma vez por todas, em três anos em uma universidade. Podemos supor que ele está, portanto, em sintonia com o que encontrará e preparado para fazer uso disso.

E o que ele irá encontrar? Se não tiver azar, encontrará um intenso fluxo de atividade, homens e mulheres engajados na busca do aprendizado e um convite para participar de algum modo dessa atividade. Esse convite se estende igualmente para aqueles que já foram tocados pela ambição de uma vida de aprendizado e para aqueles que não tenham tal ambição. Uma universidade não é uma máquina de produzir intelectuais; seu ideal não é um mundo povoado unicamente por intelectuais. Por cerca de quatrocentos anos na Inglaterra a educação de candidatos a intelectuais e de homens do mundo tem sido a mesma, e essa tradição pertence à nossa ideia de universidade.

Além disso, uma universidade oferecerá aos alunos de graduação uma gama limitada de estudos a partir da qual ele deverá fazer sua escolha; pois, evidentemente, ela faz uma seleção daquilo que ensina, e nem tudo que atrai a atenção de seus professores é visto como adequado para o estudo de alunos de graduação. Seria difícil dizer de onde vem essa seleção específica de temas. Alguns são antigos, outros são novos; alguns — como medicina e direito — têm uma aparência semiprofissional, outros têm pouca conexão direta com o mundo exterior. Certamente nenhum desses estudos deve seu lugar em um currículo universitário a qualquer motivo tão simples quanto sua utilidade ou em função de o conhecimento envolvido ser fácil de ensinar e fácil de testar. Na verdade, a única característica comum a todos eles é serem ramos reconhecidos de estudo; em cada um desses ramos a busca do aprendizado se reflete e por consequência cada um deles traz em si — quando bebemos profundamente dele — uma capacidade de educar. Juntos eles representam, ao menos em esboço, a conversa que ocorre na universidade; e o aluno de graduação jamais seria tentado a confundir sua universidade com um instituto no qual apenas uma voz é ouvida, ou com uma escola politécnica em que apenas os maneirismos das vozes fossem ensinados.

Essa, portanto, para o aluno de graduação, é a marca distintiva de uma universidade;

trata-se de um lugar onde ele tem a oportunidade da educação por meio da conversa com seus professores, seus colegas e consigo mesmo, e onde ele não é incentivado a confundir *educação* com *treinamento* para uma profissão, com o aprendizado dos truques de uma atividade profissional, com a preparação para um serviço para a comunidade específico no futuro ou com a aquisição de uma espécie de kit moral e intelectual que lhe servirá por toda a vida. Sempre que um propósito ulterior como esse aparece, a educação (que se ocupa de pessoas, não de funções) sai pela porta dos fundos na ponta dos pés. A busca do aprendizado pelo poder que ele pode trazer tem suas raízes em um egoísmo avaro que não é menos egoísta nem menos avaro quando aparece na forma do chamado «propósito social», e uma universidade nada tem a ver com isso. A forma de seu currículo não tem esse modelo; e o modo de seu ensino — professores interessados no aluno em si, naquilo que ele está pensando, na qualidade de sua mente, em sua alma imortal, e não em que tipo de professor ou administrador é possível transformá-lo — não tem tal intenção.

Além disso, uma universidade tem algo mais a oferecer ao aluno de graduação, e tomo esse como sendo seu dom mais característico por pertencer exclusivamente à universidade e ter suas raízes no caráter da educação universitária como algo que não é nem um começo nem um fim, mas um meio. Um homem pode a qualquer momento de sua vida iniciar a exploração de um novo ramo do aprendizado ou passar a participar de uma nova atividade, mas somente em uma universidade ele pode fazer isso sem precisar reorganizar seus recursos escassos de tempo e energia; em épocas posteriores da vida ele está comprometido com tanta coisa que não tem como se livrar de tudo. O dom característico de uma universidade é o dom de um intervalo. Eis aqui uma oportunidade para deixar de lado as lealdades ardentes da juventude sem que seja necessária a aquisição imediata de novas lealdades. Eis aqui uma pausa no curso tirânico dos eventos irreparáveis; um período para olhar para o mundo e para si mesmo sem a sensação de haver um inimigo às suas costas ou a insistente pressão para se decidir; um momento para provar do mistério sem a necessidade de imediatamente buscar uma solução. E tudo isso não em um vácuo intelectual, mas cercado por toda a herança de aprendizado e literatura e experiência de nossa civilização; não sozinho, mas acompanhado de espíritos irmãos; não como única ocupação, mas combinada com a disciplina do estudo de um ramo reconhecido do aprendizado; e nem como um primeiro passo na educação (para aqueles totalmente ignorantes sobre como se comportar ou pensar), nem como educação final que prepare um homem para o dia do juízo, mas como um meio. Esse intervalo não é algo tão comum quanto uma pausa para respirar: nenhum rapaz ou moça, imagino, diria «Obrigado» por uma oportunidade desse gênero; não é a cessação da atividade, mas a ocasião para um tipo singular de atividade.

Seria difícil determinar como surgiu essa oportunidade notável. Talvez ela tenha brotado (do mesmo modo como Lucrécio imagina que tenham brotado os membros humanos) do fato de haver pessoas que, em diferentes graus, podiam fazer uso disso. Em todo caso, acredito que essa seja a única coisa que toda universidade da Europa, em alguma medida, oferece a seus alunos de graduação. Desfrutar disso depende de certa preparação prévia (não se poderia esperar que um homem ignorante daquilo que deveria ter aprendido no berçário possa fazer uso disso), mas não depende de nenhum privilégio definível pré-existente ou da ausência da necessidade de ganhar a vida no fim — é em si o privilégio de ser um «estudante» desfrutar da *schole* — o ócio. É possível reduzir isso, arriscando-se a recair em um equívoco, a uma doutrina sobre o caráter de uma universidade; é possível chamar isso de doutrina da pausa. Porém essa doutrina não seria mais do que uma breve expressão da sensação de ser um aluno de graduação naquela primeira manhã de outubro. Quase do dia para a noite, um mundo de fatos sem graça se transformou em infinitas possibilidades; nós que não pertencíamos às «classes ociosas» havíamos sido libertados por um momento da maldição de Adão, a opressiva distinção entre trabalho e diversão. O que se abria diante de nós não era uma estrada, mas um mar sem fim; bastava levantar velas na direção do vento. A perturbadora urgência de um destino imediato estava ausente, o dever já não nos oprimia, tédio e decepção eram palavras sem sentido; a morte era inconcebível. Mas é do caráter de uma pausa chegar ao fim; existe um tempo para tudo e nada deveria ser prolongado além desse tempo. O eterno aluno de graduação é uma alma perdida.

E o que dizer da colheita? Ninguém poderia sair dessa universidade sem marcas. Intelectualmente, pode-se supor que ele tenha adquirido algum conhecimento, e, mais importante, certa disciplina mental, uma compreensão das consequências, um domínio maior sobre suas capacidades. Ele talvez saiba que não é bom o bastante para ter um «ponto de vista», que o que ele precisa ter são *pensamentos*. Ele não sairá de posse de um arsenal de argumentos para provar a verdade daquilo em que acredita; mas terá adquirido algo que o coloca fora do alcance do valentão intelectual, e independente de qual tenha sido o objeto de seu estudo pode-se esperar que ele seja capaz de procurar algum sentido nas coisas que tanto impulsionaram a humanidade. Talvez ele possa até mesmo encontrar um centro para seus afetos intelectuais. Em resumo, esse período na universidade pode não tê-lo equipado de maneira muito eficiente para ganhar a vida, mas ele terá aprendido algo que o ajudará a ter uma vida com mais significado. E moralmente — ele não terá adquirido um kit de ideias morais, um terno moral de segunda mão, mas terá tido uma oportunidade de ampliar o escopo de sua sensibilidade moral, e terá tido o tempo de ócio para substituir os absolutos ruidosos e contraditórios da adolescência por algo menos passível de ser desvirtuado.

A busca do conhecimento, assim como toda outra grande atividade, é inevitavelmente conservadora. Uma universidade não é igual a um bote que pode ser jogado para cá e para lá para aproveitar cada lufada passageira de vento. Os críticos a que ela deveria dar ouvidos são aqueles interessados na busca do conhecimento, não aqueles que consideram uma universidade imperfeita por não ser qualquer coisa diferente do que ela é. Mas de um modo ou de outro a ideia de uma universidade nos últimos anos se misturou com noções como as de «ensino superior», «treinamento de ponta», «cursos de reciclagem para adultos» — coisas admiráveis em si mesmas, mas que na verdade têm muito pouco a ver com uma universidade. E é hora de se fazer algo para acabar com essa confusão. Pois essas ideias pertencem a um mundo de força e utilidade, de exploração, de egoísmo social e individual e de atividade cujos significados são externos a ela mesma em algum resultado ou alguma conquista triviais — e esse não é o mundo a que uma universidade pertence; não é o mundo a que a educação no verdadeiro sentido pertence. É um mundo muito poderoso; ele é rico, atrevido e bem intencionado. Mas não é um mundo que tenha um grau notável de autocrítica; ele está exposto a tomar a si mesmo pelo mundo todo, e com agradável negligência presume que tudo que não contribua para seus próprios objetivos é de certa forma um desvio. Uma universidade precisa tomar cuidado com os benfeitores deste mundo, ou descobrirá que vendeu sua primogenitura em troca de um prato de lentilhas; descobrirá que, em vez de estudar e ensinar os idiomas e as literaturas do mundo, ela se tornou uma escola para treinar intérpretes, que no lugar de buscar uma ciência está ocupada treinando engenheiros eletricistas ou químicos industriais, que em vez de estudar história está estudando e ensinando história para algum propósito ulterior, que em vez de educar homens e mulheres está treinando-os exatamente para ocupar algum nicho na sociedade.

Uma universidade, assim como tudo o mais, tem um lugar na sociedade a que pertence, mas esse lugar não é a função de contribuir para algum outro tipo de atividade na sociedade, e sim o de ser ela mesma e não outra coisa. Sua ocupação principal é a busca do aprendizado — não há substituto que, em uma universidade, compense a ausência disso — e, em segundo lugar, ela se ocupa com o tipo de educação que se descobriu brotar ao longo dessa atividade. Uma universidade terá deixado de existir quando seu aprendizado tiver degenerado naquilo a que hoje chamamos pesquisa, quando seu ensino tiver se tornado mera instrução e ocupar integralmente o tempo de um aluno de graduação, e quando aqueles que vieram para aprender vierem não em busca de seu tesouro intelectual, mas sim com uma vitalidade tão adormecida ou tão exaustos a ponto de desejarem apenas receber uma moral proveitosa e um kit intelectual; quando eles vierem sem compreensão dos modos de conversação e com o desejo único de qualificarem para ganhar a vida ou para receberem um diploma que permita sua entrada na exploração do mundo.

As universidades
1949

Críticos das universidades surgiram em todas as gerações. As críticas vieram de dentro e de fora; de professores, de alunos e do grande e muitas vezes ignorante mundo. Seu escopo variou da difamação maliciosa à tranquila consideração sobre defeitos manifestos que foi fonte de todas as reformas frutíferas. E essas críticas se ocuparam de todos os níveis da vida na universidade. O livro que tenho diante de mim,[1] o mais recente acréscimo a essa biblioteca de críticas, é resultado de um projeto descomunal: um grupo de homens e mulheres de pensamento semelhante (um autodenominado partido de trabalhadores), em reuniões ocorridas ao longo dos últimos dois anos, debateu aquilo que vinha sendo compreendido como a situação crítica das universidades, e sir Walter Moberly tentou «cristalizar os resultados provisórios» dessas discussões. O grupo encontrou um porta-voz que tem a maior parte das qualificações necessárias; o conhecimento que ele tem das universidades britânicas é grande e se espraia por um longo período, sua mente é vigorosa e ele se encaixa no dito de Thomas Arnold segundo o qual

---

1 Sir Walter Moberly, *The Crisis in the University*. Londres: SCM Press, 1949.

«Ninguém deve se meter com as universidades, a não ser aqueles que a conhecem bem e que a amam». O amor dele não é de modo algum indulgente, e há momentos em que ele parece realmente se esforçar para demonstrar uma severidade errática e irrefletida. Mas o resultado é um livro que merece ser estudado.

A crítica, contudo, faz surgirem novas críticas. Apenas uma lealdade cega e trivial levaria alguém a se ressentir do diagnóstico de sir Walter quanto às falhas das universidades britânicas hoje, somente uma rigidez pouco natural da mente levaria alguém a não encontrar nada sobre o que refletir de maneira proveitosa em suas sugestões para melhorias, e seria necessário alguém muito insensível para permanecer indiferente ao tom com que o livro é escrito. No entanto, em cada um desses aspectos resta algo a dizer; e caso isso seja dito de modo claro e sem rodeios, como deve ser o caso, talvez seja visto como uma contribuição ao debate e não seja confundido com uma voz estranha e pouco amistosa. Porém, antes é preciso que se observe uma limitação. O livro é «escrito de um ponto de vista cristão», mas não é parte de meu projeto investigar esse ponto de vista, exceto para dizer que a forma particular de cristianismo que aparece aqui não é o cristianismo de todo mundo; na verdade, esse me parece um cristianismo bastante excêntrico. E é possível dizer algo relevante sobre o livro sem considerar esse ponto de vista, porque muito do que o livro tem a dizer não depende de sua pré-disposição cristã. Isso não significa que o cristianismo seja meramente periférico a seu argumento; na verdade fica claro que, na mente do autor, tanto o diagnóstico da crise quanto as sugestões para reforma, e certamente o tom do livro, brotam da convicção cristã. Mas o livro reconhece que é necessário algo mais preciso e detalhado do que uma exortação à conversão para o cristianismo e, corajosamente, uma «volta à tradição cristã» é colocada entre os remédios espúrios para a crise.

Brevemente, o argumento do livro é o que se segue. Vivemos em uma era de crise excepcional; nossa condição é de extrema insegurança física, emocional e intelectual. Como resultado de uma longa história de descobertas e invenções já estamos possuídos por um imenso poder, e o processo que nos deu esse poder continua sem perder intensidade. Esse poder, inevitavelmente, está nas mãos de poucos; «uma decisão no Kremlin ou na Casa Branca pode revolucionar a vida de milhões». Algumas pessoas, inebriadas pela sensação de poder, veem nessa situação uma oportunidade que, caso possa ser explorada, leva a uma conquista sobre a própria morte. Mas o poder já é tão grande que é sentido pelo homem comum como se houvesse dominado a sua vida, e por consequência sua experiência dominante é a de uma insuperável insegurança física. Ao mesmo tempo, e em parte devido à mesma causa, o retrato que temos do mundo foi estilhaçado, nos tornamos «pessoas deslocadas» emocional e intelectualmente. «As crenças que governam as ações do homem estão em fluxo.» Essa é a maior das mudanças recentes que surgiram no mundo em que vivemos, porém não é a única. A outra mudança significativa é aquela indicada pela palavra «democracia», que em meio às suas múltiplas implicações envolve o desaparecimento de qualquer coisa que tenha a natureza de uma classe dominante; todo homem pode se ver entre aqueles que controlam o poder disponível.

No passado, as universidades neste e em outros países europeus em geral refletiam o mundo em que se encontravam, e frequentemente foram provedoras de parte daquilo de que o mundo necessitava. As universidades descritas por Newman e Paulsen, uma exemplificando a tradição cristã-helênica da época, outra exemplificando a tradição da educação liberal, estavam cada uma adaptada a seu mundo. Por consequência, devemos pensar no que as universidades britânicas contemporâneas estão fazendo, se é que estão fazendo algo, para «se adaptar a um mundo de insegurança». Em alguns aspectos nossas universidades refletem as mudanças que já ocorreram, embora os vestígios das adaptações às condições que já deixaram de existir distorçam e limitem esse reflexo. Além disso, quando perguntamos se nossas universidades estão fornecendo algo para aliviar a crise de nosso tempo, a resposta é que elas não estão fazendo nada. Virtualmente, não se faz qualquer tentativa de fornecer a segurança mental e espiritual de que os alunos de graduação precisam e que eles desejam. Não só não se oferecem ao aluno «respostas» para as suas questões, como ele não é sequer incitado a encontrar uma «resposta» por conta própria. «A maior parte dos estudantes passa por nossas universidades sem jamais ter sido forçada a exercitar a mente nas questões realmente fundamentais». «Devido à fragmentação prevalente dos estudos», as mentes dos alunos de graduação não recebem incentivos para obter uma visão integrada do mundo: a universidade se tornou uma escola politécnica. E os fragmentos são apresentados de um modo que «foge das questões fundamentais», e como consequência os alunos de graduação permanecem tão «ignorantes» quanto seus professores mas, sendo mais jovens, são menos complacentes com isso. Esse triste fracasso é a «crise da universidade».

Os atuais remédios para essa situação são vistos pela investigação como espúrios. Um retorno, seja à tradição do «humanismo clássico», seja à tradição cristã como ela era no passado, é impossível; e mesmo caso essas tradições fossem revividas com sucesso, isso deixaria as universidades desconectadas do mundo contemporâneo. «O humanismo clássico» está «vinculado a uma sociedade baseada no privilégio», e é «deficiente em sua abrangência por não dar muito espaço para as ciências naturais e subestimar sua importância»; e uma universidade limitada por «uma moldura institucional cristã estaria tão divorciada das opiniões da maioria que só poderia ser estabelecida à força ou por meio de hábil diplomacia». E o remédio sugerido por aquilo que se denomina «humanismo cientificista» (a visão segundo a qual a principal necessidade do mundo hoje é um maior avanço técnico e que afirma que a integração que se busca será encontrada nesse projeto que não precisa ser tutelado), embora mereça ser levada a sério, é incompleto e menos plausível do que era dez anos atrás. Para superar a crise, portanto, é necessário nada menos do que uma mudança revolucionária, uma «drástica metanoia». É preciso investigar os objetivos e as fundações da universidade como um todo; seu currículo, seus métodos de ensino, seu modo de vida e sua relação com a sociedade devem ser reconsiderados caso desejemos remover «as profundas deficiências» de que ela sofre hoje. A tarefa é urgente; não resta muito tempo.

2

A principal premissa dessa argumentação é o suposto caráter crítico dos tempos em que vivemos: «para a história da civilização, os anos próximos a 1950 são críticos em um grau que os anos em torno de 1850 ou 1900 não foram». Precisamos, então, considerar primeiro a interpretação da crise diante de nós. Duas guerras mundiais, a invenção da bomba atômica e a vontade presumida de usá-la nos levaram à beira do abismo — é o que diz o diagnóstico. Estamos na situação dos habitantes de Herculano e Pompeia em 79 d.C. E o único motivo para que nossa atividade não tenha sido prejudicada pelo medo de um iminente desastre é o fato de que «nossas imaginações não acompanharam o ritmo de nossa razão». Os jovens, porém, estão menos iludidos: há toda uma geração que não tem a expectativa normal de vida — e sabe disso. «A vida de muitos estudantes é dominada pela *Angst*».

Esse é um começo infeliz para o diagnóstico; aquilo que é meramente incidental — na verdade, o que é trivial — recebe toda a ênfase. O grau de segurança física de que uma pessoa precisa é basicamente aquele com o qual ela se acostumou, e estamos nos acostumando a ter muito menos do que era normal há cinquenta anos. Apesar de sua sensibilidade ao que os jovens estão pensando, esse livro brota de uma mente que está acostumada a um grau de segurança muito maior do que os jovens possam imaginar. Além disso, a estabilidade intelectual e espiritual não é mera função da segurança física e social; na verdade, é comum que o tipo de autoquestionamento que abala um homem até as suas fundações tenha como pano de fundo uma segurança física e social bastante tranquila. Nenhum homem jamais esteve mais preocupado consigo mesmo do que Matthew Arnold, em 1849, porém, poucos desfrutaram de maior «segurança» do que ele teve nessa época. O fato é que ninguém com crenças firmes irá perder o sono por uma diminuição na sua expectativa de vida, e nada é menos relevante para a firmeza de suas crenças do que a mera extensão da vida de um homem. A sombra da bomba atômica, aqui, atrapalha o diagnóstico.

Mas há algo mais na mente de sir Walter, algo de que a bomba é apenas um símbolo. «O sensacional triunfo da ciência aplicada nos últimos dois ou três séculos, trazendo consigo um poder bastante novo de transformação das condições de vida, é um dos grandes pontos de inflexão da história»: possuímos um poder imenso mas nos falta discernimento para seu uso. E a crise aqui é a ausência de discernimento e o consequente temor de estarmos sendo controlados por algo que criamos. A ameaça não é apenas à existência individual, mas também àquilo a que chamamos «civilização». E a sugestão é de que «a civilização só pode ser salva por meio de uma revolução moral, intelectual e espiritual que seja páreo para a revolução científica, tecnológica e econômica que hoje vivemos».

Porém, mesmo nesse quadro mais amplo, a leitura da situação é, penso eu, a um só tempo alarmista e otimista demais. O tom desse livro é o da urgência desesperada; há nele a atmosfera histérica de uma reunião de revivalistas. Não haveria problema nenhum nisso se você estivesse tentando salvar a alma de um homem ou converter um bêbado, mas nesse sentido as civilizações não podem ser «salvas», não podem fazer um juramento e a partir daquele momento jamais voltar a tomar uma gota sequer. Ao olhar para o mundo à nossa volta hoje, imaginações mais emotivas podem encontrar uma dúzia de motivos para desânimo, mas se existe uma certeza é a de que o colapso de nossa civilização não virá de nada que seja assunto das manchetes — nem mesmo da erosão do solo. Sempre haverá autores que gostam de assustar a humanidade; eles escreviam livros para meninos em idade escolar, e eram mais úteis quando faziam isso. Além disso, a identificação do propósito de Deus (para falar o idioma cristão) com a sobrevivência de nosso modo particular de vida dificilmente seria permissível. Claro que devemos defender nosso modo de vida com todas as nossas forças: isso pertence a nosso modo de vida; mas um retrato do mundo que seja uma mera projeção da vitória tem pouco valor em um momento de crise ou em qualquer outro momento. Em resumo, a urgência desesperada é algo que pertence a uma escala de eventos muito menores e menos importantes do que a escala que sir Walter tem em mente: no fundo, vejo esse como um livro peculiarmente desprovido de fé. E além disso, um diagnóstico mais profundo de nossa situação (como, por exemplo, se encontra no livro de F. G. Juenger, *Die Perfektion der Technik*) não teria lugar para o otimismo que supõe ser possível conduzir uma «revolução» capaz de nos «salvar». Quando aquilo que um homem pode obter a partir do uso e do controle do mundo natural e dos outros homens se torna o único critério daquilo que ele imagina precisar, não há esperança de que a maior parte da humanidade deixe de ver como boa essa exploração até que ela tenha sido levada longe o bastante para revelar completamente sua crueldade. Esse, como veremos em um momento, não é um argumento para não fazer nada, mas um ponto de partida para não nos deixarmos ser consolados com a perspectiva, ou até mesmo a possibilidade, de uma revolução.

Ao viajante que navega por essas águas é desaconselhável carregar uma bagagem tão pesada; ele precisa de coisas que flutuem com ele depois do naufrágio. Nossa situação, em minha leitura, é bem mais desesperadora do que sir Walter imagina, e ao mesmo tempo deveria nos deixar bem menos alarmados. Quanto à bomba, sem dúvida devemos levá-la em conta, mas não devemos deixar que ela nos desanime ou acabaremos nos deixando levar ao estado mental que deseja que eles «joguem a droga da bomba e acabem logo com isso». Em todo caso, os estragos feitos na Europa Oriental nos últimos anos são tão ruins quanto qualquer devastação atômica — uma massa poderosa de seres humanos enganada é muito mais destrutiva do que qualquer bomba.

No fundo, claro, a crise de que esse livro se ocupa não é externa, e sim emocional e intelectual. E mesmo aqueles que não leem os jornais de domingo sabem de algo que pode ser chamado de crítico em nossa situação. Mas é preciso lembrar que atingimos padrões excepcionalmente altos, não só de segurança física e econômica, como também de segurança emocional e intelectual, e ao julgar pelo nosso estado mental por esses padrões, podemos imaginar dentro de nós mesmos uma falta anormal de coerência. Se somos uma geração que «vive com a consciência habitual de um mundo prestes a ruir sobre ele», isso se deve em parte a termos aumentado indevidamente nossos padrões de segurança. Olhamos para períodos anteriores da história de nossa civilização e atribuímos a essas épocas retratos do mundo bem mais coerentes do que eles de fato possuíam, e ao exagerar grosseiramente a estabilidade emocional e intelectual da Idade Média, por exemplo, ou do século XIX, atribuímos a nós mesmos um grau fictício de insegurança. Outras épocas, sem dúvida, tiveram hábitos de comportamento mais estáveis, mas «uma imagem mais clara dos fins da existência humana» jamais esteve disponível a não ser para uns poucos e raros indivíduos. E a impressão de que estamos confusos porque, como sociedade, não contamos com essa imagem, e de que devemos deixar todo o resto de lado para adquiri-la, é um exagero racionalista.

3

É uma regra saudável ao considerar um argumento observar de perto a sua premissa menor; é esse o ponto em que a maioria dos argumentos irá perder-se. A premissa menor deste livro tem a ver com a relação entre a universidade e o mundo, e não está exposta de maneira tão clara quanto seria de se desejar. A universidade, aparentemente, deveria *refletir* o mundo; e desse ponto de vista a «crise na universidade» é seu fracasso em fazer isso. Quando perguntamos «qual é esse mundo que deve servir de modelo?», a resposta que recebemos é que se trata de uma «civilização mecânica em larga escala», que é um mundo «democrático», que é um mundo em que «o simples ritmo dos fatos» tornou o «planejamento» uma necessidade, que é «um mundo de insegurança», que intelectual e espiritualmente é um mundo que perdeu sua confiança e seu senso de orientação, e que ele é «explosivo». Não se nega que as universidades tenham em pequena medida se adaptado com êxito a esse tipo de mundo. Para se adaptar ao modelo, o equilíbrio dos estudos universitários como um todo já sofreu uma mudança grande o bastante para que aquilo que é novo e está «em contato com as ideias essenciais da época» tenha feito as antigas carreiras da literatura, filosofia e história «parecerem secundárias, remotas e ineficientes». Além disso, «o papel essencial desempenhado por cientistas para a vitória na guerra» somado à incipiente «democratização das universidades» acabou «produzindo na opinião pública um interesse mais vivo e uma simpatia maior pelas universidades, e uma nova percepção de seu valor para a nação». O processo de adaptação foi lento, hesitante e inconsequente; mas começou. Tornar as universidades um reflexo do mundo significa que «as premissas básicas das universidades devem ser as mesmas da nação», significa que elas devem ter «uma compreensão mais vívida das principais necessidades da comunidade e das significativas mudanças que estão ocorrendo na comunidade» — significa, em resumo, que as universidades devem aceitar e extrapolar as tendências da época.

Tomado em si mesmo, esse ideal de uma universidade que reflita completa e precisamente o mundo como ele se tornou, é claro, não é nem um pouco melhor do que uma rendição incondicional à ausência de discernimento que, em outros lugares, é considerada a característica de nossos tempos. Um mundo movido pela ética plausível da produtividade está disposto a financiar as universidades para que elas possam cooperar no bom trabalho de levar a «crise» um passo adiante. E o negócio das universidades é se conformar às condições do financiamento. Essa claramente é uma visão um pouquinho ingênua demais sobre a relação entre a universidade e o mundo, e por consequência um segundo dever é promulgado: o dever de oferecer «liderança». Esse dever é interpretado como algo além de meramente ser o primeiro a explodir. É o dever de oferecer um novo retrato do mundo, uma ideologia que nos devolva nossa confiança, um evangelho para salvar o mundo de si mesmo. Para cumprir com esse segundo dever a universidade deve ser libertada da pressão imediata do mundo; sua inspiração não deve ser o modo como o mundo é hoje.

Essa relação dual entre a universidade e o mundo faz surgir a pergunta óbvia que, até onde eu vejo, sir Walter jamais enfrenta: o que ocorre com esse esquema sensato caso a relação de reflexão e a relação de orientação entrem em conflito? Na minha visão o conflito hoje é absoluto; porém, sem insistir nisso, neste livro há uma notável ausência de qualquer tentativa de estabelecer uma harmonia entre os dois que fosse pelo menos plausível. E essa incoerência afeta o argumento em muitos pontos. Podem ser oferecidos dois exemplos. Pense na relação entre «o estudante» e a universidade como ela aparece aqui, deixando de lado por ora o extraordinário retrato do «estudante» que surge. Sugere-se que hoje o aluno de graduação está com fome e não é alimentado. São apresentadas diversas razões para esse fracasso, mas ao interpretá-las o livro não se decide se isso se deve à suposta busca do aluno de graduação por certeza, por uma filosofia de vida que o mundo não provê, que também não é atendida pela universidade, ou se isso acontece porque o aluno de graduação chega com a cabeça repleta da filosofia dominante de ausência de discernimento e acha que a universidade não tem nada a ver com as conclusões a que ele já chegou. Ambas são razões plausíveis para descontentamento; você pode não ter alguém que sirva de orientador e encontrar na universidade um guia hesitante e indeciso, ou pode encontrar nela um reflexo imperfeito daquilo que você já escolheu como guia ou de sua própria instabilidade mental, mas os dois estados mentais são mutuamente excludentes. Você pode dizer «lá fora, na rua, tem uma coisa nova acontecendo, que vai estilhaçar todos os silogismos e as fórmulas das faculdades; adapte-se ou saia do caminho», ou você pode dizer «as coisas na rua lá fora estão um caos, por favor me ajude a distinguir entre o bom e o mau» — mas não é razoável dizer as duas coisas ao mesmo tempo. «Para ser útil à comunidade», diz sir Walter, «a universidade deve manter uma grande dose de autonomia contra a comunidade», e ele espera que ao identificar tal «paradoxo», consiga obter o melhor de dois mundos. Porém, isso não é nem um pouco paradoxal: uma das visões sobre o relacionamento entre a universidade e o mundo é claramente falsa, a outra é um truísmo.

A mesma incoerência ocorre na abordagem dada pelo livro à doutrina do «humanismo cientificista». Essa doutrina (que, pode-se observar, é uma doutrina *sobre* a ciência e a tecnologia e não é em si mesma «científica» em nenhum sentido) é obviamente atraente para sir Walter por parecer combinar ambas as visões sobre o relacionamento entre a universidade e o mundo. Em primeiro lugar, trata-se de uma doutrina que reflete diretamente «aquilo que é mais vital na cultura contemporânea», e seus apoiadores desejam levar a cabo a desejável adaptação da universidade ao mundo. Em segundo lugar, trata-se de uma doutrina que parece oferecer uma alternativa ao caos intelectual prevalente; ela oferece «integração», e em função de ambas essas características ela é vista como dona de um «grande mérito». Os «humanistas cientificistas» aparecem como «mais responsavelmente acordados do que o restante de nós para o significado das mudanças no mundo moderno, para as possibilidades revolucionárias do controle humano dos eventos e para a relação entre aquilo que acontece na universidade e aquilo que ocorre fora dela». Eles são elogiados por sua «consciência social». No entanto, o «humanismo cientificista» é colocado entre os «remédios espúrios». Trata-se de uma afirmação ingênua sobre a ética plausível da produtividade indiscriminada, uma adoração simples do poder, uma reverência inocente diante do poderoso caminho que os fatos tomaram. Isso não oferece critério que nos ajude a saber quando não estamos com fome. Mas por que isso não foi reconhecido imediatamente? Por que todo esse esforço para encontrar mérito naquilo que não tem? Porque, creio eu, sir Walter se confundiu ao tentar seguir dois propósitos conflitantes, e porque ele é incapaz de discernir doutrina e retórica. A *doutrina* do «humanismo cientificista» a respeito da universidade é a aceitação, sem equívocos ou limitações, da visão segundo a qual «as premissas básicas das universidades devem ser as mesmas da nação», a visão segundo a qual um mundo dedicado ao projeto do aprimoramento tecnológico ilimitado deve contar com universidades cooperativas. E isso está exatamente de acordo com a primeira demanda de sir Walter. A *retórica*, por outro lado, é a do discernimento, embora os valores sejam cuidadosamente ambíguos — maior, mais rápido, mais democrático, internacional, um tipo mais livre de liberdade, as universidades aliadas a «todas as forças que levam ao progresso social». Isso parece satisfazer a segunda demanda de sir Walter, mas, na verdade, trata-se de uma satisfação unicamente retórica: essa não é uma doutrina moral; trata-se da afirmação, disfarçada na retórica de um ideal moral, de que o julgamento moral é desnecessário. O «humanista científico» não está atento ao significado das mudanças no mundo moderno; ele está tão somente atento às mudanças. Essa não é uma situação nova; é tão antiga quanto a espécie. O que o homem precisa do mundo natural é aquilo que ele acredita que pode obter dele. Em si mesmo, não há nada moral nesse processo de exploração; para ser moral isso precisa ser moralizado, e a moralidade é estar no comando da situação, é ser capaz de discernir, de saber quando você não está com fome.

No longo prazo, sem dúvida, as universidades sempre virão a ser uma espécie de reflexo do mundo no qual elas existem. Elas não podem ser isoladas desse mundo, e é provável que o mundo tenha a última palavra. Uma guerra, uma Comissão Real, um Comitê Barlow, uma doação específica, uma bolsa governamental, cada uma dessas coisas envolve a aproximação de uma universidade com algo no mundo exterior; a pressão é contínua e nenhuma pressão é neutra, nenhum presente é incondicional e o político adora a condição invisível. Mas apenas estar na moda e aceitar aquilo que vier não é um ideal muito alto, e uma universidade que tiver a capacidade de recusar uma doação considerada estranha à sua natureza deve, ao exercitar essa capacidade, ter alguma noção de sua própria natureza e identidade. Essa natureza pode se modificar, certamente já se modificou, mas o que deve ser evitado é uma mudança de um tipo que leve a universidade a perder sua identidade. A doutrina segundo a qual a universidade deve andar passo a passo em alinhamento com o mundo, na mesma velocidade e compartilhando cada excentricidade das modas do mundo, não recusando nada do que é oferecido, responsiva a toda sugestão, é uma superstição progressista e não deve ser tolerada por nenhum homem mentalmente são. Manter-se atualizado com o mundo é, portanto, um ideal que está sujeito a duas importantes limitações: o mundo deve oferecer algo que no mínimo pareça desejável como modelo a ser copiado por uma universidade, e a atividade de aproximação deve ocorrer de modo que não conduza a uma perda de identidade. As opiniões sobre nossa situação atual podem variar. Minha própria visão é de que o mundo contemporâneo não oferece um modelo desejável para uma universidade, e de que à atividade de aproximação hoje falta não velocidade, mas discernimento. A opinião de sir Walter parece ser de que não acompanhar os tempos é, em si, uma falha importante. Ele deplora o fato de que aqueles que estão «em sintonia com o movimento das ideias do mundo contemporâneo» sejam tão poucos nas universidades; a «nova cultura científica» já teria ido muito mais longe caso tivesse recebido a acolhida adequada. E ele acredita que esse é o momento para fazer uma revolução que, ao mesmo tempo, atualize rapidamente a universidade e a torne apta a oferecer aquilo que falta ao mundo.

4

Não pode haver muitas dúvidas de que grande parte da incoerência do livro venha do fato de que seu argumento é um produto comunitário; foi necessário incorporar uma quantidade excessiva de pontos de vista, e cada um deles precisou ter certo tipo de aprovação. E, embora possamos passar por cima de inconsistências menores (e de uma certa quantia de tolices vulgares), há problemas mais significativos que precisam ser observados. Todas as páginas do livro demonstram uma crença ilimitada no valor da crítica e da autocrítica. O projeto de revelar tudo, de pensar do zero todo o objetivo e a base da universidade tendo em vista um recomeço é visto não apenas como desejável, mas como uma necessidade para que tenhamos uma instituição viva e responsiva. Não embarcar nesse projeto é ser culpado de «pensamento desleixado» e de «preconceito convencional». Haverá muita gente que não terá dificuldade de consentir com essa opinião, e, em nome do debate, estou disposto a aceitá-la. Mas é preciso observar que há ocasiões em que a vantagem de estar alerta e responsivo àquilo que está acontecendo é interpretada de um modo tão extremo que faz lembrar o desejo de Godwin de fazer com que seu sangue corresse voluntariamente. Ninguém seria tolo a ponto de negar o valor de uma atitude crítica em relação a essas coisas, mas certamente é um pouco temerário dizer que «uma crítica incessante, tanto de fora quanto de dentro, é necessária para a saúde da universidade»: críticas *incessantes* jamais fizeram bem a ninguém, nem a nada; isso desanima o indivíduo e distrai a instituição.

Porém, a tese do livro não para por aqui; não só a crítica é necessária e a revolução é essencial, como somos informados de que *este* é o momento para a devassa e a reforma. A educação dos alunos de graduação jamais foi pensada como um todo, foi moldada pela pressão das circunstâncias e não por um pensamento claro dirigido a fins definidos; mas agora é o momento de embarcar nesse projeto de pensamento e de colocar em andamento as mudanças necessárias para implementar seus resultados. E, como é razoável, procuramos alguns argumentos convincentes que deem suporte a esse ponto de vista. Existem, creio, dois argumentos possíveis, cada um deles bastante convincente se ficasse demonstrado que as universidades hoje fossem incorrigivelmente corruptas, um perigo para si mesmas e para a sociedade como um todo, ou caso se comprovasse que o tempo atual oferece perspectivas excepcionalmente boas para uma reforma frutífera, a defesa de uma reforma radical a ser empreendida agora estaria consolidada. O livro, no geral, se apoia no segundo desses argumentos. É verdade que somos informados que o tempo que temos à nossa disposição é curto — o que nos leva de volta à bomba atômica ou à erosão do solo. Mas o ponto de vista em geral parece ser: como o mundo está de ponta-cabeça, esse é o momento mais proveitoso para virar as universidades do avesso.

É instrutivo ver os argumentos exatos que são usados: são dois. Primeiro, sugere-se que este é o momento para a reforma da universidade porque ela seria executada na grande onda de «planejamento social» que no momento nos leva de roldão rumo a um mundo novo e melhor. Temos uma ideia mais precisa do que nunca do que queremos dizer com «necessidades sociais» e com «justiça social», e consequentemente estamos maduros para aplicar isso às universidades. Se me permitem dizer, isso é tolice; a atual interpretação de «necessidades sociais» é mais estreita, mais excêntrica e menos coerente do que foi em séculos. E se fosse verdade, o que faríamos com toda essa conversa de uma civilização que perdeu seu senso de direção? Sir Walter acredita que aquilo a que denominamos «planejamento» seja um indício de vitalidade e confiança, mas pode-se acreditar com mais justiça que seja um sintoma de nossa falta de direção e de nossa perda de hábitos de comportamento confiáveis. O segundo argumento é mais importante porque é uma das falácias mais enganosas que hoje passam por sensatez. Acabamos de sair de um estado de guerra total, portanto (diz o argumento) este é o momento mais favorável para fazer reformas proveitosas em todo canto da sociedade. Anos atrás, Karl Mannheim nos disse que «ao fazer as necessárias adaptações às necessidades da guerra nem sempre se percebe que, com grande frequência, essas adaptações também contêm os princípios da adaptação às necessidades da Nova Era», e desde então todo reformista apressado dissimuladamente assumiu o brado: toda crise é vista como uma oportunidade concedida por Deus para remodelar a sociedade. E somos informados aqui de que a tarefa de ajustar a universidade ao mundo, o projeto de desmontar as universidades e montá-las de novo, pode ser executado de maneira mais proveitosa agora porque acabamos de sair de uma guerra. Além disso, somos informados de que nossa experiência da guerra é o guia mais confiável para a atividade de reforma universitária: «a analogia com a experiência da época da guerra sugere que, para extrairmos mais de uma universidade, ela deve estar engajada no serviço de alguma causa externa a si mesma». Essa é a política desintegradora do «espírito de Dunquerque».

Nunca é demais lembrarmos que, na política e em todas as demais atividades, a guerra nos oferece a menos frutífera oportunidade para mudanças proveitosas: a guerra é um guia cego para a vida civilizada. Na guerra, tudo aquilo que é mais superficial em nossa tradição é estimulado meramente por ser útil, até mesmo necessário, para a vitória. *Inter alma silente leges* é um velho adágio que pode ser interpretado de maneiras bem diferentes; não apenas as leis são suspensas, mas o equilíbrio da sociedade como um todo é perturbado. Há muitas pessoas que têm como única ideia de progresso social a extrapolação do caráter de uma sociedade em tempos de guerra — a unidade artificial, o estreito propósito que se sobrepõe a todos os outros, a dedicação a uma única causa e a subordinação de tudo a ela — para eles tudo isso parece inspirador: mas a direção de sua admiração revela o vazio de suas almas. Uma sociedade que acaba de sair de uma guerra não apenas está na pior situação possível para reformar de modo proveitoso suas universidades, como a inspiração da guerra em si é a mais enganosa de todas as inspirações para uma iniciativa como essa. Se há algo que manteve um grau ainda que moderado de estabilidade (e sir Walter admite, um pouco rabugento, que há nas universidades britânicas de hoje uma estabilidade maior do que nas de outros lugares), deixe que assim seja por enquanto; é algo em que podemos nos apoiar. Sair ajustando as universidades a um mundo em caos garantirá que elas se tornem acessíveis a tudo aquilo que é mais trivial em nossa tradição. Toda proposta de mudança que brote diretamente de uma emergência é inevitavelmente guiada por aquilo que é temporário e acidental.[2] E isso não é mera teoria: o maior «ajuste» que as universidades já sofreram, que resultou na desesperadora superlotação de hoje, causou-lhes mais dano do que qualquer «falha em satisfazer

....

2   Eis o principal motivo para as excentricidades da Comissão Florestal.

as necessidades da época». Curiosamente, sir Walter dá pouca atenção à «crise na universidade» que surge da quantidade excessiva de alunos de graduação,[3] e presume que todo homem sem preconceitos concordará com as conclusões da Comissão Barlow. Portanto, não há mal em pensar nos verdadeiros objetivos e nas bases de uma universidade, embora as perspectivas atuais de chegarmos a conclusões proveitosas sejam pequenas; mas este sem dúvida é o pior momento de todos para promover mudanças radicais que levem a universidade a se alinhar com o que está acontecendo no mundo. No fim, o único argumento plausível em favor da escolha do momento atual para um projeto como esse é o argumento político corrente segundo o qual, em um mundo tão caótico, o acréscimo de mais um pouco de desordem mal será notado; e, caso as coisas deem errado, as circunstâncias estão à espera para levar a culpa.

5

Já observamos os termos gerais da leitura que sir Walter Moberly faz da «crise na universidade»: ela surge da lentidão das universidades deste país para se ajustarem às mudanças que ocorreram no mundo exterior e do fato de elas não conseguirem oferecer a orientação necessária. É hora de analisarmos esse diagnóstico mais de perto. A situação das universidades é apresentada como um caos. Elas não sabem «para que» servem, e jamais pensaram nisso.

---

[3] *The Problem of the Universities*: Nuffield College Report.

Elas oferecem uma educação moderadamente eficiente em várias especialidades, mas como não existe um lugar da universidade em que se tente atingir, ou mesmo sugerir, uma visão sinóptica do mundo intelectual, a aparência dominante é a da coleção de uma miscelânea de fragmentos. Ninguém é incitado a desejar (muito menos a obter) «uma concepção unificada da vida»; ninguém recebe ajuda para «decidir de modo responsável sobre um propósito de vida». As universidades, ao não terem qualquer visão única, autoconsciente, do mundo, não oferecem qualquer «experiência dominante».

Não é preciso ir muito longe para descobrir a causa de tudo isso: ela está nas deficiências intelectuais e morais dos professores. Exceto pelos «humanistas científicos» — que são aprovados não em razão daquilo que dizem, mas simplesmente por falarem —, existe uma conspiração de silêncio em relação a todas as questões importantes de nossa época. Os professores são meros especialistas; não possuem qualquer «filosofia» e relutam em fazer o tipo de autoexame que poderia levá-los a adquirir uma «filosofia». Simplórios e derrotados por si mesmos, eles não reconhecem que não dizer nada sobre as coisas em geral é «uma marca de incapacidade pessoal». E, pior, desculpam sua falta de interesse por qualquer coisa alheia à sua especialidade ao fingir uma falsa neutralidade quando questionados sobre assuntos de «real importância». São fujões preguiçosos, pusilânimes e evasivos quando se trata de pensar das «questões acaloradas do dia». Os que não são «brincalhões elegantes» são chatos demais até mesmo para fazer esse papel pouco exigente. Indolentes, orgulhosos e ressentidos, suas aulas são escritas e eles não estão dispostos a mudá-las, suas mentes vivem presas na rotina de suas especialidades, eles são tão «remotos e ineficientes» quanto o mundo sempre achou que eles fossem.

O que devemos pensar dessa acusação — depois de darmos o desconto necessário aos exageros? Acredito que os tiros dados por sir Walter formam um grupo razoavelmente compacto, porém, infelizmente eles ficam apenas nas imediações do alvo. Como veremos mais tarde, ele acerta uma vez «na mosca», mas como fica bastante distante dos outros, esse tiro deprecia os demais. Em outras palavras, essa acusação nasce quase inevitavelmente das premissas de sir Walter, porém sua força está limitada a seu peso. É no remédio proposto que vemos quais são essas premissas.

A inspiração da solução é a crença de que qualquer universidade que não tenha um único propósito autoconsciente, perseguido de modo inexorável, deve estar fracassando na tarefa de ser uma universidade. É impossível para uma universidade planejar seus estudos ou sua vida corporativa se isso não for feito com referência a algum padrão de valores, e «é impossível ter um padrão racional de valores na ausência de uma imagem clara sobre os fins da existência humana, e isso implica uma concepção sobre a natureza do homem e do mundo». A uma universidade cuja «filosofia de trabalho» seja sub-reptícia, pois, «faltará honestidade intelectual». Essa inspiração, evidentemente, assegura que nada seja reconhecido como valioso sem que esteja presente de modo autoconsciente; aquilo que não foi expressamente projetado para estar lá, pode-se presumir que esteja ausente. E por consequência, na minha opinião, começamos com o pé esquerdo, com a premissa de que nascemos ontem e de que as universidades não contam com a vantagem da tradição ou com uma percepção de seu próprio caráter. Porém, além disso, chegamos ao problema mais difícil do «planejamento»: a dificuldade de nada poder ser decidido até que tudo tenha sido decidido. Se não houver como determinar o «número correto de enfermeiras» antes de ter determinado o número correto em todas as demais ocupações, como será possível começar? Aristóteles resolveu o problema há séculos ressaltando que não é assim que agem os homens mentalmente sãos; ele não presume uma folha em branco, e não é tolo de supor que não pode comer seu mingau, ou mesmo educar seu filho, antes de ter resolvido o enigma do universo. Entretanto, Aristóteles está agora entre os autores menos lidos; há dois séculos temos ido para a escola com os alemães — o único povo europeu que de fato começou com uma folha mais ou menos em branco e que se tornou filósofo antes de ter aprendido a viver — e passamos a acreditar na absurda doutrina de que primeiro você precisa obter sua *Weltanschauung*. No entanto, parece bastante claro que «quando nos voltamos às questões primárias, relativas às coisas que realmente erguem ou destroem uma universidade, e nos perguntamos, ‹Para que servem as universidades? Que efeito elas devem ter sobre seus alunos? Quais são suas responsabilidades com o mundo exterior?», estamos fazendo perguntas para as quais uma minoria de professores universitários dá respostas divergentes e a maioria sequer oferece respostas claras». Consequentemente, o remédio deve ser uma mudança revolucionária.

Misturada a essa doutrina da necessidade de uma adaptação revolucionária guiada por um propósito autoconsciente, há neste livro uma outra doutrina segundo a qual «a dica para a reconstrução deve ser encontrada na nossa tradição». Não sei dizer como conciliar essas duas coisas; porém o tratamento que as tradições da educação universitária britânica recebem aqui é responsável pela pouca confiança depositada por sir Walter nelas. Um capítulo todo é dedicado ao exame daquilo que é chamado de «concepções variáveis da tarefa da universidade». Porém, jamais surge em cena uma universidade reconhecível, pois o hiato entre a concepção formulada de uma universidade — como exposta por Newman ou Whewell ou Paulsen ou Matthew Arnold — e o tipo de educação que uma universidade de fato ofereceu em momentos diferentes, jamais é observado. Essas «concepções da tarefa da universidade» fazem todo sentido, mas não se menciona que elas dão origem tão somente a uma noção ilusória de compreensão do que tratam, e a real universidade escapa por entre as linhas. Teorias desse tipo podem ser contrastadas tranquilamente entre si, pode-se dizer que uma «substituiu» ou «suplantou» outra; porém, uma história das teorias não é uma história da educação universitária: nem a universidade de Newman nem a de Matthew Arnold jamais existiram (assim como nesse sentido não existiu o feudalismo ou uma economia do tipo *laissez-faire*). E comparar uma universidade do modo como ela existe hoje com uma teoria sobre o que ela era ontem ou anteontem é instituir uma comparação entre coisas incomparáveis. O verdadeiro motivo para que um movimento de «retorno» a qualquer uma dessas «concepções da tarefa da universidade» seja impossível não é o fato de elas estarem ultrapassadas, mas o fato de jamais terem existido. Atualmente, afirma sir Walter, «temos uma universidade caótica», porém, ao concentrar sua atenção nas teorias, ele ocultou de si mesmo o fato de que jamais houve algo diferente de uma universidade caótica. Esse, creio, é o motivo para a interpretação equivocada que ele faz daquilo que chama de tradição do «Humanismo Clássico»: para ele, trata-se de uma «concepção da tarefa da universidade» em que «a função da universidade era treinar uma classe dominante» e oferecer pessoas para «as profissões que têm, ou tinham, maior prestígio social». Como ele vê isso apenas como uma teoria (emasculada a ponto de existir independente do elemento cristão na civilização europeia), a tradição do «Humanismo Clássico», ficamos sabendo, está «vinculada a uma sociedade baseada em privilégios»; ele chega mesmo a vislumbrar Oxford e Cambridge engajadas ainda ontem na educação de uma «classe ociosa», e acredita que essa grande educação na cultura cristã-clássica de algum modo está em conflito com «as demandas insatisfeitas por justiça social». Com a falsa coragem daqueles que dizem «Essas coisas vieram para ficar; devemos aceitá-las», o livro rende-se com frequência excessiva a tudo o que há de pior no atual jargão dissimulado. Sugere que, ao colocar a palavra «social» após «justiça», algo significativo foi dito, aceita a atual identificação entre ausência de egoísmo e igualitarismo e oferece uma aprovação indiscriminada a todos os que se dizem aliados às «forças que conduzem ao progresso social». E o que é a classe ociosa? Parece ser a classe de Peel e Gladstone, ambos homens que, como se sabe, levaram vidas de tranquilidade e indolência. A ideia de ser uma novidade o fato de a ampla maioria de alunos de graduação que sai das universidades ter de ganhar a vida é pura fantasia, e a sugestão de que aqueles que não trabalham para ganhar a vida inevitavelmente se dedicam a atividades fúteis é absurda. Na verdade, as páginas em que a educação universitária de vinte, cinquenta ou cem anos atrás é discutida são toldadas quase inconscientemente por uma sensação que beira a culpa.

Tendo em vista o diagnóstico do caos e a inspiração da solução, o caráter do remédio é óbvio. Para cumprir a tarefa que lhe é designada, uma universidade deve abandonar sua acanhada neutralidade, superar suas inibições e adquirir «uma orientação reconhecível e consciente». A discussão sobre «problemas últimos», sobre «questões intelectuais reais», sobre os «problemas controversos do nosso tempo», em vez de serem consideradas impróprias devem ser vistas como uma responsabilidade fundamental. Nada deveria ser tabu. Além disso, deve haver na universidade algum lugar «onde a necessidade de se obter uma filosofia de vida» seja induzida aos alunos de graduação e onde eles contem com a necessária ajuda para obtê-la. Neste momento o aluno está sem direção e sem liderança; a universidade deveria providenciar para que lhe seja oferecida uma ideia que o «domine». Ele deseja ser salvo por uma experiência importante e a universidade deve oferecer a experiência, uma experiência como a que J.S. Mill descreve ter ao ler Bentham: «Agora eu tinha opiniões, uma crença, uma doutrina, uma filosofia...». Em vez de permanecer meramente uma escola politécnica (na qual ela degenerou), a universidade deve oferecer uma visão sinóptica integrada do mundo moral e intelectual, deve «ensinar uma concepção unificada de vida».

Tudo isso parece um apelo por aquilo que estamos acostumados a chamar de ideologia, e a aparência parece ser confirmada quando lemos que «a orientação reconhecível e consciente da universidade» deveria «assumir a forma de uma perspectiva moral comum ou *Weltanschauung* que veja o desafio de nossa época em termos técnicos, não personalistas, e que, embora não seja especificamente cristã, é ‹cristianizada› por ter sido profundamente influenciada pelo cristianismo, e que é a base a partir da qual cristãos e grandes números de não cristãos podem trabalhar cordialmente juntos». Em outros trechos, porém, o projeto de uma universidade planejada para transmitir uma ideologia é recusado — «não é parte do dever da universidade inculcar qualquer filosofia de vida em particular. Mas é seu dever ajudar seus estudantes a formarem suas próprias filosofias de vida, de modo que eles não cheguem ao mundo aleijados e inúteis». No entanto, por duas razões essa recusa não é convincente: primeiro, porque a visão posta diante de nós como um todo — em resumo, de que todo homem sem uma filosofia de vida é «aleijado e inútil» — é em si mesma uma ideologia, e uma das mais estreitas e mais absurdas; e em segundo lugar, fica claro que sir Walter pensa que estaríamos em melhor situação caso concordássemos com uma ideologia que abrangesse tudo, se tivéssemos uma resposta precisa para toda pergunta e um lugar apropriado para toda experiência. Um sistema coerente «que lembre a *Summa* de São Tomás» é, infelizmente, impossível no momento, e no entanto é representado como um «objetivo de longo prazo» legítimo. Quão revelador é esse olhar para o passado em direção a um mundo imaginário do qual o caos tivesse sido excluído. E como é estupenda a compreensão equivocada da *Suma Teológica*, que a transforma naquilo que um autor recente chamou de «uma espécie de doutrina de corpo docente universitário», que jamais existiu exceto nas mentes dos ideólogos. A magnitude e a importância dos «problemas» e das «questões» a serem discutidas na universidade nos é lembrada repetidas vezes por esse livro, mas ficamos com certa dúvida sobre seu caráter preciso. Na verdade, assim como o romancista que, ao escrever sobre as «orgias do vício inimaginável» nos convence de que tem uma imaginação inocente, sir Walter jamais deixa as alturas da generalidade. A «questão mestra» em torno da qual a universidade deveria girar parece ser «Como deve um homem viver?», e suponho que não seja exagero falar disso como uma questão «fundamental». Qual o grau de proveito com que ela pode ser discutida e que tipo de resposta pode-se esperar é outro assunto. Mas na ausência de especificações mais exatas, a impressão que fica é que sob o novo regime as universidades iriam degenerar rumo à mais inútil das condições — a de um fórum para a discussão de ideologias. E quanto a essas «questões controversas», suspeito que são do tipo que oferecem uma tênue luz à meia-noite e se apagam na manhã seguinte. Que elas sejam discutidas, mas que também estejamos conscientes de sua frivolidade: nenhuma questão é inerentemente «controversa», e o modo mais provável de tornar trivial uma questão importante é fazendo que ela seja tema de uma controvérsia.

O livro oferece uma diversidade de meios pelos quais esse remédio pode ser aplicado. Obviamente, o que será necessário é uma espécie de professor mais responsável e mais articulada, e o argumento em favor de exames e termos de inscrição são examinados com algum cuidado. No fim, esses argumentos são rejeitados, desde que os membros do comitê de seleção não deem seu voto para candidatos suspeitos de má-fé ou de desonestidade intelectual. Uma vida comunitária intensificada para os estudantes, como a que pode surgir de prédios residenciais aprimorados, e meios ampliados de comunicação entre os funcionários e os estudantes em diferentes departamentos, deve promover o propósito designado à universidade. Mas a principal ênfase está na reforma do currículo e dos métodos de ensino. Deveria haver cursos profissionais mais amplos (de modo que o médico recebesse aulas sobre «a vida» e não apenas sobre medicina), deveriam ser desenvolvidos cursos (*Honours Schools*) que combinassem mais de um tema, deveriam ser exploradas as possibilidades de «diplomas generalistas de temas amplos», como os que existem nas universidades americanas. Porém, acima de tudo, no esforço de integrar as especialidades fragmentárias das universidades contemporâneas, deveria haver séries integradas de palestras que «proponham aos alunos os problemas de uma filosofia de vida, e, talvez, oferecer uma solução». Sir Walter, em geral, é cético em relação ao valor de palestras, porém acredita que elas possam ter mérito caso tenham uma «qualidade dinâmica».

Dentro das premissas desse livro, todas essas são sugestões sensatas. As principais premissas são: que existe apenas um bom tipo de educação universitária — um treinamento didático nas ideologias atuais tendo em vista a seleção da melhor delas; que existe apenas um bom tipo de universidade — aquela que tem um único propósito, claramente definido e autoconsciente; que existe apenas um tipo bom de organização comunitária — aquele em que os estudantes vivem em dormitórios ou nas faculdades; que existe apenas um tipo bom de professor — o homem ou a mulher intensamente interessado nas «questões controversas do momento e que é capaz de falar de modo articulado sobre elas, como Hípias Polihistor;[4] que existe apenas um tipo bom de estudante — o homem ou mulher interessado em «problemas» e que deseja uma «filosofia de vida»; que existe apenas um tipo bom de aula expositiva — o tipo «dinâmico»; e que pode-se presumir com segurança que, a não ser que um propósito seja perseguido de maneira consciente, ele jamais será atingido. Trata-se de um desempenho impressionante para uma mente tão liberal; pode-se concluir que ele passou tanto tempo pensando nesse assunto que acabou se tornando seu prisioneiro. Pense no ponto de vista segundo o qual, a não ser que você tenha algo como objetivo, aquilo jamais será atingido. Nenhuma generalização poderia ser mais manifestamente falsa. Aqueles que veem com suspeita uma conquista porque ela não era parte de um projeto irão, no fim, flagrar-se suspeitando de todas as grandes realizações humanas. A doutrina segundo a qual algo ou não existe ou é no mínimo desprovido de valor caso não seja planejado, e que consequências imprevistas da atividade são um sinal de fracasso, é uma extravagância. Pense no professor e no estudante. Essas páginas fazem parecer que não estar interessado em uma *Weltanschuauung* — na realidade, não estar interessado em política — é um sinal certo de incapacidade num deles e de embotamento no

....

4 Platão, *Hípias Menor*, 368.

outro — e de uma só vez o melhor e o pior da espécie humana são desconsiderados como um peso morto. Por acaso, interesso-me por esses assuntos, mas sei que há outros muito mais instruídos do quê eu, e que são membros mais confiáveis da sociedade do que eu, que jamais pensaram neles. Afirmar que essas pessoas são irresponsáveis e evasivas é uma tolice arrogante. O atual interesse especulativo, quase universal, pela moral e pela política não é um sinal de saúde e não é uma cura para a doença de que sofremos; é apenas um sintoma de doença. E parece jamais ter ocorrido ao autor do livro que um dos efeitos de todo o planejamento das universidades dos últimos vinte e cinco anos foi assegurar que um homem como Lowes-Dickinson jamais possa voltar a existir em Cambridge; a destruição que ocorreu em nome da integração é lamentável. Pense nesses palestrantes «dinâmicos». Uma universidade seria pobre caso não contasse com um pregador, e um pregador que inspire as pessoas vale mais do que um que seja apenas instrutivo. Mas ele jamais será o membro mais valioso da universidade. E caso haja um charlatão na universidade, caso haja um trambiqueiro intelectual, certamente não faltará dinamismo a ele — gostaria de pensar que já tivemos o bastante dessa perigosa qualidade. Qualquer um que saiba algo sobre uma universidade sabe que até mesmo a mais insignificante delas tem lugar para uma dúzia de tipos diferentes de professores. E quando penso nos grandes professores que ouvi — Burkitt, Lapsley, Coulton, Cornford, McTaggart — nenhum era dinâmico e apenas um ligava minimamente para uma *Weltanschauung*. Eu preferiria ouvir Bury «murmurando na leitura de um manuscrito com uma voz que só pode ser ouvida nas duas primeiras fileiras», do que um charlatão vendendo uma mensagem vulgar e trivial. Pense, por fim, na ideia segundo a qual o melhor tipo de universidade é aquele em que os estudantes são abrigados em faculdades ou dormitórios. Qualquer um que tenha passado seus dias de graduação em Oxford ou Cambridge conhece o grande valor de uma universidade que permita aos alunos morarem lá; é algo que pertence à nossa tradição e sabemos lidar com isso. Mas qualquer um que tenha tido a experiência de viver em um bairro universitário de uma cidade alemã conhece o valor, até mesmo o alívio e a bênção, que é *não* pertencer a uma comunidade com organização muito rígida; e que é um preconceito imperdoável supor que, quanto a isso, exista apenas um bom tipo de universidade. Deixemos de lado esse fanatismo.

6

Ninguém pode esperar dizer algo significativo sobre as universidades a não ser que compreenda que a educação universitária não é um começo nem um fim, mas um meio. A afirmação de Hobbes de que «a instrução do povo depende completamente da instrução dos jovens nas Universidades» não é verdadeira; teria sido inteligente da parte dele não tê-lo dito. Ninguém inicia sua educação na universidade, mas no berçário; e os anos de formação de um homem não acabam quando ele recebe seu diploma. O caráter de uma universidade é, portanto, em parte determinado pelo tipo de aluno de graduação que ela tem — não, é claro, em função das idiossincrasias individuais, mas em função das premissas que podem ser feitas com segurança sobre os caminhos que eles percorreram em geral, sobre sua idade, seus padrões intelectuais, sua criação moral e suas ambições. A principal diferença entre as universidades britânicas e as americanas surge da diferença entre as casas e escolas britânicas e americanas. É claro, as universidades têm algum controle sobre o tipo de aluno de graduação que recebem, mas trata-se de um controle limitado e remoto. Até aqui (até ontem), apesar das grandes mudanças, as universidades britânicas tinham algo valioso a oferecer, algo de que os alunos de graduação que chegavam ali podiam fazer uso, algo que, de modo geral, tinha raízes em premissas precisas sobre o tipo de aluno de graduação que iria se matricular. Aquilo que elas tinham a oferecer não era algo que poderia ser apreciado apenas por uma classe social, ou adequado apenas a uma «classe ociosa»; alunos de graduação que chegavam com uma diversidade de gostos, inclinações, predisposições e ambições podiam encontrar naquilo que era oferecido algo que reconheciam como adequado para si.

Em primeiro lugar, a universidade oferecia uma gama limitada de estudos. Seria difícil esclarecer de onde vinha essa seleção particular. Provavelmente nenhum desses temas de estudo poderia ser defendido com base em argumentos *a priori*; jamais uma universidade definiu seu currículo a partir de um motivo conhecido e apropriado para cada tema selecionado. Alguns desses estudos têm origens distantes e deviam seu lugar nas universidades a motivos bastante diferentes daqueles que hoje poderiam ser usados para defendê-los. (Por exemplo, o lugar e a importância dos Clássicos na educação escolar e universitária do século XVI devia-se principalmente ao conhecimento positivo contido nos textos dos autores gregos e latinos; tratava-se de estudos *modernos*.) Outros são comparativamente novos e ainda poderiam ser defendidos com base nos argumentos usados para sua escolha. Certamente nenhum desses estudos foi incluído com um propósito tão definido como ser útil para que uma «classe dominante» pudesse ser capaz de governar ou para que uma classe mercantil pudesse tocar seus negócios. Na verdade, o único traço em comum a todos eles era o fato de pertencer a um ramo reconhecido do conhecimento. E isso valia também para os três estudos que tinham uma aparência profissional — teologia, direito e medicina, pois nas universidades esses temas não eram objeto de mero treinamento profissional; eram o prelúdio de uma educação a que devia ser acrescentado aprendizado obtido em outros lugares. Eles não sobreviveram em função do «prestígio social» das profissões a que estavam conectados, mas porque cada um deles, assim como qualquer outro estudo nas universidades, era um ramo reconhecido de conhecimento. E os novos temas, que foram acrescentados de tempos em tempos, reivindicavam seu acréscimo a partir do fato de cada um envolver padrões de estudo comparáveis aos dos temas já aceitos.

Sendo assim, se desejasse, um aluno de graduação poderia encontrar nos estudos oferecidos nas universidades algo que no mínimo não estava afastado da profissão escolhida por ele. E caso ele não tivesse feito uma escolha definitiva, poderia encontrar algo que o interessasse, ou, caso tivesse o gosto pela academia, algo que o cativasse. Cada um desses estudos era uma especialidade, porém nenhum era uma especialidade estritamente limitada. Não havia, em geral, discussões acaloradas sobre as relações entre esses estudos especiais, principalmente porque (à exceção daqueles com gostos especulativos) cada um era facilmente reconhecido como integrante de um único mundo de conhecimento. Olhando em retrospectiva, creio que tive a impressão (embora na época eu não tenha consolidado isso nessa imagem) de uma conversa em que cada estudo tinha uma voz distinta — uma conversa que ocasionalmente degenerava em discussão (entre «ciência» e «religião», por exemplo), mas na qual cada um basicamente mantinha o caráter que lhe era adequado. Ninguém na época dava aulas sobre a arte da conversação, propriamente; isso devia ser aprendido ouvindo a conversa (uma atividade para a qual presumia-se que o aluno de graduação já estivesse preparado), e somente um sofista teria imaginado que a arte da conversação fosse uma *techne* à parte. A universidade não era nem um instituto em que apenas uma voz deveria ser ouvida, nem uma escola politécnica em que apenas os maneirismos das vozes eram ensinados. Havia, então, uma atmosfera de estudo; cada aluno de graduação estava perseguindo, dentro do escopo de suas próprias capacidades, algum ramo reconhecido de conhecimento. A pequena quantidade de alunos de graduação que chegava às universidades por motivos totalmente estranhos ao estudo pode ser desconsiderada. Fazia-se algo por eles; de modo algum eles eram membros sem valor da sociedade, mas não tinham influência profunda sobre o currículo da universidade.

Em segundo lugar, a universidade britânica oferecia um campo de atividade extra-acadêmica dentro das tradições da vida britânica; clubes e sociedades a que sucessivas gerações pertenciam, a oportunidade de formar novas associações, o espaço e os meios para que se perseguisse uma grande variedade de interesses, sociais, atléticos, artísticos, religiosos e acadêmicos. Aqui também o aluno de graduação podia seguir seu gosto ou ambição de acordo com seus meios e exercitar suas energias; aqui também havia uma herança a ser desfrutada. Sobre isso não é necessário falar mais.

Em terceiro lugar, a universidade tinha algo a oferecer a todo aluno de graduação, e creio ser esse seu dom mais característico por se tratar de algo exclusivo da universidade e com raízes no caráter da universidade como um meio. A qualquer momento de sua vida um homem pode iniciar a exploração de um novo ramo do aprendizado ou passar a participar de uma nova atividade, mas somente em uma universidade ele pode fazer isso sem precisar reorganizar seus recursos escassos de tempo e energia: em épocas posteriores da vida ele está comprometido com tanta coisa que não tem como se livrar de tudo. O dom característico de uma universidade é o dom de um intervalo. Eis uma oportunidade para deixar de lado as lealdades ardentes da juventude sem que seja necessária a aquisição imediata de novas lealdades. Eis um intervalo em que um homem pode se recusar a se comprometer. Eis uma pausa no curso tirânico dos eventos irreparáveis; um período para olhar para o mundo e para si mesmo sem a sensação de haver um inimigo às suas costas ou a insistente pressão para se decidir; um momento em que se pode provar o gosto do mistério sem a necessidade de buscar uma solução imediatamente.[5] Eis aqui, de fato, uma oportunidade para exercitar, e talvez para cultivar a mais alta e mais facilmente destruída dentre as capacidades humanas, aquilo a que Keats chamou «capacidade negativa» — «quando um homem é capaz de estar em meio a incerteza, mistérios, dúvidas, sem correr irritado atrás de fatos e da razão» — uma oportunidade para praticar aquela «suspensão de julgamento» da qual a «neutralidade» do liberalismo é uma sombra tão pálida. E tudo isso não em um vácuo intelectual, mas cercado por toda a herança de aprendizado e literatura e experiência de nossa civilização; não sozinho, mas acompanhado de espíritos irmãos; não como única ocupação, mas integrada com a disciplina do estudo de um ramo reconhecido do conhecimento; e nem como um primeiro passo na educação, para aqueles totalmente ignorantes sobre como se comportar ou pensar, nem como educação

---

5 Platão, *Leis*, 888.

final que prepare um homem para o dia do juízo, mas como um meio.

Seria difícil determinar como surgiu essa oportunidade notável; certamente isso não foi planejado nem mesmo considerado de modo abstrato. Trata-se de um efeito colateral. Talvez ela tenha brotado (do mesmo modo como Lucrécio imagina que tenham brotado os membros humanos) do fato de haver pessoas que, em diferentes graus, podiam fazer uso disso. Em todo caso, acredito que essa seja a única coisa que toda universidade da Europa, em alguma medida, oferecia, e em virtude do que, mais do que de qualquer outra coisa, aquilo era uma universidade. Desfrutar disso depende de certa preparação prévia (não se poderia esperar que um homem ignorante daquilo que deveria ter aprendido no berçário possa fazer uso disso), mas não depende de nenhum privilégio definível pré-existente ou da ausência da necessidade de ganhar a vida no fim — é em si o privilégio de ser um «estudante» o desfrutar da *schole* — o ócio. É possível reduzir isso, caso tenhamos essa inclinação, a uma doutrina da pausa. Porém essa doutrina não seria mais que uma breve expressão da sensação de ser um aluno de graduação naquela primeira manhã de outubro. Quase do dia para a noite, um mundo de fatos sem-graça transformou-se em infinitas possibilidades; nós que não pertencíamos às «classes ociosas» havíamos sido libertados por um momento da maldição de Adão, a opressiva distinção entre trabalho e diversão. O que se abria diante de nós não era uma estrada mas um mar sem fim; bastava levantar velas na direção do vento. A urgência perturbadora de um destino imediato estava ausente, o dever já não nos oprimia, tédio e decepção eram palavras sem sentido; a morte era inconcebível. E parecia que o desejo havia resolvido a si mesmo na forma de um apetite original, indiferenciado do qual ele brotara, e que aquela energia ilimitada estava novamente à solta. Evidente que esse apetite teria de render-se e dar fim à sua condição amorfa, e essa energia teria de encontrar uma direção. Porém havia tempo o suficiente para isso: a pausa nos pertencia. Temporariamente, tínhamos a capacidade de deixar de lado as formulações inseguras do mundo, as avaliações vulgares de seus males, as «questões controversas» e as respostas fugidias do mundo. Mas é do caráter de uma pausa chegar ao fim; existe um tempo para tudo e nada deveria ser prolongado além desse tempo. O eterno aluno de graduação é uma alma perdida. Era possível que, ao final do processo, estivéssemos em melhores condições de lidar com o mundo, era possível que o conhecimento adquirido pudesse ser convertido em poder, mas não eram esses os motivos da experiência nem os critérios pelos quais seus valores deveriam ser julgados. Na verdade, creio que a experiência não poderia ocorrer para alguém que estivesse entregue ao sentimento mais desanimador de todos: *scientia proper potentiam*. A alegria, diz Fuller, «é a única característica exigida de quem busca a pedra filosofal; é preciso fazer isso sem cobiça, ou o objetivo jamais será atingido». Essa universidade não formava homens que tivessem feito as pazes consigo, homens que tivessem «resolvido» todos os seus problemas. Ela reconhecia mentes que não eram e jamais seriam *problematisch* e tinha um lugar para elas. De um homem nos seus dias de graduando pode-se esperar que descubra a trivialidade de alguns «problemas», ele pode ter esperanças de ter desfrutado, em um ou outro momento, de uma visão que, supomos, termina em «uma imagem clara dos fins da existência humana», mas se ele chegar ao dia da sua formatura com uma «filosofia de vida» resolvida em seu bolso, deveria se supor que ele chegou a ela de maneira inadequada.

Há vários modos de uma crise atingir uma universidade desse tipo. Primeiro, caso não houvesse ninguém em condições de estimar aquilo que é oferecido, ou caso não houvesse pessoas em condições de fazer uso disso, essa universidade se veria sem alunos de graduação. Essa, creio, é uma situação improvável na Inglaterra em um futuro próximo. Qualquer um que tenha trabalhado em uma universidade contemporânea superlotada sabe que é uma ilusão pensar que havia uma grande reserva inexplorada de homens e mulheres que pudessem fazer uso desse tipo de universidade mas que jamais tiveram tal oportunidade. Porém, até onde posso ver, parece haver uma quantidade tão grande quanto antes de pessoas para quem os dons de uma universidade parecem valiosos. Por quanto tempo isso continuará assim é duvidoso; o modo como as coisas caminham não é amistoso à existência desse tipo de aluno de graduação.

Em segundo lugar, caso uma universidade desse tipo fosse inundada por alunos de graduação despreparados e que não tivessem utilidade para as oportunidades oferecidas, ou caso houvesse homens em outros países que tivessem a capacidade e a intenção de destruir, de um modo ou do outro, essa universidade, não seria alarmismo indevido afirmar que há um estado de crise. Isso precisa ser estudado com atenção, porque uma crise desse tipo deixou de ser mera possibilidade. Vamos primeiro investigar o caráter do aluno de graduação contemporâneo. Não se pode dizer que sir Walter Moberly nos ofereça um retrato incoerente. Deixando de lado a alegação de que ele é essencialmente *problematisch*, de que sente desejo por uma «certeza» em relação a este mundo e ao outro e, acima de tudo, sobre si mesmo, o que o livro nos diz? Ele nos diz que o aluno de hoje «sabe mais» do que seus predecessores, que «sua seleção é superior», que «em média, ele é mais capaz», que é «potencialmente um material melhor» a ser trabalhado. Existe, é claro, certa ambiguidade aqui, mas em geral pode-se dizer enfaticamente que isso não é verdade. Se ele «sabe mais» é apenas com relação a alguma especialidade limitada, em média o aluno contemporâneo de graduação não é «mais capaz» do que seus predecessores, e os testes pelos quais ele vem sendo selecionado não são do tipo que conseguiria mensurar sua capacidade de aproveitar o tipo de universidade em questão. Mas além disso, esse retrato não é apenas falso; ele é contradito pelo que sir Walter continua a dizer. Pois ele nos diz que o aluno de graduação moderno «não tem o estofo cultural que em outras épocas se poderia presumir», que seu «escopo de interesses é mais circunscrito», que ele tem «pouca iniciativa ou resiliência», que seu objetivo é «utilitário» e que ele olha para a universidade «primeiro e principalmente como uma avenida que leva ao emprego desejado». Sir Walter nos diz que esse estudante nutre antipatia pelo tipo de pensamento livre de preconceitos que as universidades cultivavam; e que «os mais capazes e mais altruístas dentre eles», os «melhores alunos» estão ávidos por participar dos assuntos do mundo e por transformar o estudo em política. Sir Walter atribui falsamente parte dessas características à «preocupação material premente»; porém, seja qual for o motivo alegado para essa mudança de caráter, o resultado é manifestamente um aluno de graduação menos capaz de fazer uso desse tipo de universidade do qual estamos falando. E isso não é tudo. Externamente temos homens poderosos que desejam que as universidades sejam inundadas exatamente por esse tipo de aluno, cujas características são admiradas por eles; eles têm a intenção de transformar as universidades em lugares projetados e planejados para oferecer a esses alunos de graduação aquilo que eles imaginam ser necessário. Aqui, creio, está algo que pode gerar uma crise genuína nas universidades. Pois quando a pressão da mudança nessa direção se tornar irresistível, as universidades passarão por uma metamorfose destrutiva da qual será impossível se recuperar. O problema hoje *não* é «como traduzir o ideal de um cavalheiro culto em termos democráticos e conciliar uma busca intensa e incansável da excelência com uma nova sensibilidade às demandas da justiça social». No passado, uma classe em ascensão tinha consciência de algo valioso desfrutado por outros e de que ela desejava compartilhar; mas esse já não é o caso. Os líderes da classe ascendente estão consumidos por um desprezo por tudo que não brote de seus próprios desejos, estão convencidos de antemão de que não têm nada a aprender e tudo a conquistar, e por consequência o objetivo deles é o saque — a apropriação em benefício próprio da organização, da casca da instituição, e sua conversão para seus próprios propósitos. O problema das universidades hoje é como evitar a destruição nas mãos de homens que não têm uso para suas virtudes características, homens que estão convencidos apenas de que «conhecimento é poder».[6]

Existe, no entanto, uma terceira direção de onde uma crise — ou algo parecido com isso — pode atingir uma universidade: caso as universidades, no que diz respeito a questões que ainda estão sob seu controle, parassem de oferecer aquilo que vêm oferecendo até aqui. Aqui sir Walter tem algo relevante a dizer, e parte disso nos é útil. Ele vê um perigo naquilo que chama de «a sobrecarga do currículo»; e não pode haver dúvidas de que isso representaria a destruição do tipo de universidade de que estamos falando. Não se trata de algo

---

6 Ernest Green, *Education for a New Society*. Londres: George Routledge and Sons, 1947.

totalmente sob controle de uma universidade — quase toda a pressão externa sofrida pelas universidades vai nessa direção —, mas algo poderia e deveria ser feito para aliviar esse fardo. Entretanto, o diagnóstico de sir Walter é imperfeito, e ele oferece o motivo errado para pensar que o atual excesso de demandas feitas aos alunos de graduação é um problema. Em primeiro lugar, a objeção dele é meramente relativa à sobrecarga do currículo do *especialista*; ele quer acrescentar aquilo que chama de «cursos integrados», que, embora pareçam «compulsórios», ele não vê, por algum motivo, como algo que aumente a carga acadêmica. E em segundo lugar, para ele um currículo sobrecarregado parece ser um mal não por impedir que uma universidade ofereça seu dom mais precioso (embora ele diga, de fato, que isso reduz o tempo disponível para que o aluno de graduação «pare e olhe»), mas principalmente porque isso atrapalha uma discussão adequada das ideologias e não deixa tempo «para que se explorem caminhos alternativos». O aluno de graduação do passado em geral sabia como lidar com um currículo oficial; tomava a iniciativa por conta própria. Ele sabia que ser um aluno de graduação não significava frequentar «séries de palestras», e as universidades mais seguras de suas tradições jamais o incentivavam a crer nisso. Nesse aspecto sir Walter subestima imensamente o sistema de exames que, como alternativa à prática de «se matricular em disciplinas», oferece liberdade muito maior para o aluno de graduação na forma como ele disporá de seu tempo e de sua energia, reduzindo automaticamente o mal de um currículo sobrecarregado. Porém, como de costume, sir Walter quer o melhor dos dois mundos: «obviamente o sistema despreocupado, ou a ausência de sistema, da Cambridge de meados da era Vitoriana, não pode oferecer um modelo hoje», mas «ele continha um elemento de grande valor que (...) corre o risco de ser eliminado». Contudo, do ponto de vista do tipo de universidade de que estamos falando, pode-se concordar que um «currículo sobrecarregado» é um sinal de fracasso.

O outro ponto importante em que pode-se pensar que uma universidade esteja abandonando seu verdadeiro caminho é se em suas mãos o mundo do aprendizado degenerasse em uma miscelânea de especialidades. É isso que sir Walter crê ter acontecido. Ele acredita que cada especialidade seja hoje explorada e ensinada de modo mais eficiente do que antes, mas que virtualmente não se fizeram tentativas de explorar a totalidade da qual elas fazem parte. Não acredito que seja assim, e é desconcertante perceber que um dos poucos esforços feitos pelas universidades (em face da considerável pressão externa no outro sentido) para acabar com essa desintegração seja atribuída ao ciúme e à preguiça: estou falando do cuidado que em geral se toma antes de se permitir que uma nova especialidade tenha permissão para adentrar um campo já congestionado. No entanto, é inegável que essa desintegração é algo que vivemos hoje e que ela é destrutiva para o tipo de universidade de que estamos falando. E caso os remédios de sir

Walter — «cursos integrados», cursos mais amplos e combinados — sejam considerados equivocados ou então uma rendição à desintegração, não deveríamos usar os erros dele para nos isentar de abordar o assunto.

A primeira coisa a ser dita é que aquilo que sir Walter detecta como uma falha na educação universitária é, de fato, o mais difícil dos atuais problemas da filosofia: já se dedicou a ele um século de pensamento bastante intenso sem chegar a grandes resultados. Certamente gostaríamos de ver o mundo do conhecimento assumir a aparência de unidade; mas no momento essa é uma daquelas situações em que precisamos exercitar nossa capacidade negativa. E esperar que uma universidade ofereça uma integração em seu currículo é pedir que ela seja desonesta: uma integração que surgisse meramente de uma necessidade emocional certamente seria uma fórmula falsa, trivial e sem valor. E alguém que não tenha como viver sem certezas quanto a isso deveria ser aconselhado a usar sua mente em algum outro tema.

No entanto, no nível da graduação há algo que pode ser feito para aliviar a situação. A noção de «cursos gerais mais amplos» pode ser desprezada nessa conexão; ela oferece uma solução falsa ao contornar o problema. Uma universidade deveria, no entanto, antes de mais nada, selecionar as especialidades de estudo que oferece na graduação de modo a existir alguma chance de que todas possam ser vistas, mesmo por esses alunos, como um reflexo do todo. A pressão para oferecer um treinamento técnico para uma grande variedade de profissões torna isso difícil, mas uma universidade do tipo que estamos falando desaparecerá a não ser que esteja preparada para resistir a essa pressão. A noção de que é de algum modo iliberal e obscurantista exercer discernimento quanto a isso é absurda. A falha de que as universidades podem ser consideradas culpadas não é a de não conseguir encontrar e transmitir uma fórmula para integrar suas especialidades, e sim a de não serem suficientemente seletivas em relação às próprias especialidades. Em segundo lugar, essas universidades têm como tarefa ensinar em um nível profundo os vários ramos do mundo do conhecimento que escolheu oferecer a seus graduandos: o verdadeiro defeito de uma especialidade não vem do fato de ela não ser o todo, ou de não saber seu lugar em relação ao todo ao qual pertence, mas do seu sucesso em ser apenas superficial dentro de seus próprios limites. Seria absurdo esperar que os corpos docentes de todos os departamentos de uma universidade tivessem o mesmo padrão de excelência ou que não houvesse variações de tempos em tempos a esse respeito. É preciso tempo para chegar a um padrão de excelência, o que não deve ser confundido com uma disposição para estar atualizado em relação aos mais recentes itens do conhecimento e colocá-los em uma ementa.

O mundo, que não entende muito bem essas coisas, há um bom tempo vem impondo às universidades, vistas como instituições voltadas à formação de graduandos, uma dificuldade que elas, imprudentemente, vêm dando sinais de levar a sério. A questão que precisamos decidir é se o propósito da educação universitária é adquirir conhecimento de algum ramo especializado do saber, conectado talvez a uma profissão, ou se é algo *além* disso. O mundo aceitará a resposta de que ela serve aos dois propósitos, mas vai querer saber então qual parte do currículo está voltada à aquisição do segundo propósito; e, em nossa avidez para demonstrar que não estamos sem fazer nada quanto a isso, começamos a falar sobre «cursos integrados» e sobre «cultura». Nosso verdadeiro erro não está em não conseguir responder à pergunta de modo convincente, mas na confusão mental que permite que a questão seja formulada de maneira inadequada. Os objetivos da educação, pode-se dizer, são capacitar um homem para pensar claramente por conta própria e para lidar com aquilo que acontecer à sua volta. A vantagem que Antístenes dizia ter recebido da filosofia — «a vantagem de ser capaz de conversar comigo mesmo» — é a principal vantagem que um homem pode esperar obter de uma educação. Esses objetivos, porém, não são capacidades mentais abstratas; pensar claramente e lidar com o que acontece à sua volta é o mesmo que participar da herança civilizada de nossa sociedade e lidar com ela. No que diz respeito ao ensino específico, nosso tipo de universidade propõe-se a atingir esses objetivos por meio do estudo atento de um ramo particular do conhecimento. E a base para esse método é a crença de que nenhuma *techne* verdadeira e estudada a fundo faz surgir a distinção entre a aquisição de conhecimento de algum ramo do saber e a busca dos objetivos gerais da educação. Essa crença teria menos argumentos a seu favor caso se supusesse que a universidade deveria dar ao homem algum tipo de equipamento mental final ou caso uma universidade específica fosse um instituto em que apenas uma dessas *techne* fosse estudada; mas a universidade de que estamos falando jamais foi nenhuma dessas coisas. A condição de que uma *techne* deva ser «verdadeira» é necessária porque está claro que existem algumas especialidades que, quanto mais a fundo são estudadas, mais levam um homem para longe dos objetivos da educação; a *techne chrematistike* é uma delas, a «cultura» é outra, e creio que, caso a integração das especialidades assumisse o caráter de uma *techne* à parte, também ela pertenceria à classe das falsas especialidades — seria a arte da conversação ensinada àqueles que nada têm a dizer. Cada «verdadeira» *techne* é ou envolve uma maneira particular de pensamento, e a noção de que você pode pensar, mas sem pensar de alguma maneira específica, sem referência a algum universo de discurso definido, é uma ilusão filosófica. Toda «verdadeira» *techne*, estudada a fundo, sabe algo a respeito de seus próprios limites não por possuir um conhecimento abrangente sobre seu contexto e não por saber tudo ou ter algum esquema abstrato ou chave para tudo (ela não pode ter essas coisas e continuar sendo uma *techne*), mas por ter algum insight sobre isso em suas próprias pressuposições. E, como ocorre na universidade, quando a isso se acrescenta a presença de outros estudos especiais, a não ser que alguém cause uma confusão, o convite para a conversa é irresistível. Em resumo, o problema de integrar o mundo do conhecimento é profundo e difícil, mas o fato de que no momento não vemos como fazer isso não destrói a possibilidade de uma universidade. As universidades têm tradições que podem ser evocadas, tradições de discernimento sobre o que elas oferecem como tema de estudo e tradições de estudo aprofundado, e seria um grande erro negligenciar essas tradições em favor de uma integração gerada *ab extra*. O mundo do conhecimento jamais foi integrado por uma *summa*, e aqueles que nos incitam a procurar algo do gênero são guias pouco confiáveis cuja sede imoderada fez surgirem miragens.

Houve em outros tempos um edifício construído por muitas mãos e ao longo de muitos anos. Sua arquitetura representava diversos estilos diferentes, e ele entrava a tal ponto em conflito com as regras de construção conhecidas que só o fato de ele permanecer de pé era causa de espanto. Entre seus habitantes havia *connoisseurs* que detinham as plantas. Alguns chegavam a afirmar que as suas plantas eram as do arquiteto original, pois apesar dos indícios diante de seus olhos eles acreditavam que toda construção deveria ter um arquiteto. Outros *connoisseurs* afirmavam apenas que as plantas representavam aquilo que o prédio deveria ter sido. Essas plantas eram guardadas em uma sala à parte e de tempos em tempos a coleção ganhava um acréscimo, sendo que alguns dos acréscimos vinham de países distantes. Nenhum dos projetos tinha qualquer semelhança evidente com o edifício — não por acharem que todas as suas partes fossem igualmente convenientes ou porque não tivessem projetos para aprimoramentos, mas porque eles tinham aprendido a compreendê-lo e a amá-lo. Certo dia, ouviu-se um grito de «Fogo» no edifício. Os *connoisseurs* correram imediatamente para salvar as plantas; mas tinham pouco interesse pelo próprio prédio. Na verdade, o fogo era em uma padaria ali perto e houve mais fumaça do que chamas. Mas os habitantes da padaria correram para se abrigar no prédio, e enquanto os outros apagavam o fogo os *connoisseurs* aproveitaram para mostrar as plantas arquitetônicas aos refugiados que, evidentemente, muito se interessaram. Eles foram facilmente convencidos de que o prédio era muito inferior àqueles projetos, e prometeram aos *connoisseurs* que os ajudariam na tarefa de demolir o prédio (que eles sempre consideraram feio) e reconstruí-lo de acordo com algum dos projetos. O projeto que eles elegeram era um que chegara recentemente de uma parte remota do mundo.

Educação política[1]
1951

A expressão «educação política» vive maus dias. Em meio à corrupção intencional e dissimulada do idioma que é característica de nosso tempo, adquiriu um sentido sinistro. Em outros lugares, está associada àquele enfraquecimento da mente, por meio da força, do medo, ou da hipnose da infinita repetição daquilo que mal vale ser dito uma vez, por meio do qual populações inteiras foram reduzidas à submissão. Desta forma, vale a pena voltar a pensar, num

---

1 Originalmente uma aula inaugural na London School of Economics, esse texto foi comentado de vários pontos de vista. As notas que acrescento agora, e algumas poucas mudanças que fiz no texto, têm por intenção acabar com alguns mal-entendidos que ele causou. Mas, em geral, fica o leitor aconselhado a lembrar que o artigo trata da compreensão e da explicação da atividade política que, para mim, é o objeto adequado da educação política. Aquilo que as pessoas projetam na atividade política, e diferentes estilos de conduta política são considerados aqui, em primeiro lugar meramente porque por vezes isso revela o modo como a atividade política vem sendo compreendida, e em segundo lugar porque é comum que se pense (embora equivocadamente, creio eu) que explicações são garantia de conduta.

momento de tranquilidade, no modo como devemos entender essa expressão, que une duas atividades louváveis e que, ao fazer isso, tem um pequeno papel em resgatá-la do mau uso.

Por política compreendo a atividade de lidar com os arranjos em geral de um conjunto de pessoas que por acaso ou escolha vieram a estar juntas. Nesse sentido, famílias, clubes e sociedades científicas têm sua «política». Porém, as comunidades em que esse tipo de atividade é mais importante são os grupos cooperativos hereditários, muitos deles de linhagem ancestral, todos eles conscientes de um passado, um presente e um futuro a que denominamos «estados». Para a maioria das pessoas, a atividade política é uma atividade secundária — o que significa que elas têm alguma outra coisa a fazer além de lidar com esses arranjos. No entanto, do modo como viemos a compreendê-la, trata-se de uma atividade na qual todo membro do grupo que não seja criança ou lunático tem alguma parte e alguma responsabilidade. Trata-se para nós, em certo nível, de uma atividade universal.

Falo dessa atividade como algo que «lida com arranjos» em vez de algo que «constrói arranjos», pois nesses grupos cooperativos hereditários a atividade jamais oferece uma folha em branco de infinitas possibilidades. Em todas as gerações, mesmo nas mais revolucionárias, os arranjos vigentes sempre excedem em muito aqueles que são vistos como merecedores de atenção, e os arranjos que estão sendo preparados são poucos quando comparados com os que recebem modificações: o novo é uma proporção insignificante do todo. Claro que há pessoas que se permitem falar

Dos arranjos a função
É só a modificação,

mas no caso da maior parte de nós, a nossa determinação em aprimorar nossa conduta não nos impede de reconhecer que a maior parte do que temos não é um fardo a ser carregado ou um íncubo de que devemos nos livrar, e sim uma herança a ser desfrutada. E a toda verdadeira conveniência se une certo grau de degradação.

Porém, lidar com os arranjos de uma sociedade é uma atividade que, assim como todas as demais, precisa ser aprendida. A política exige conhecimento. Por consequência, não é irrelevante perguntarmos o tipo de conhecimento que está envolvido e investigar a natureza da educação política. Não estou me propondo a perguntar, contudo, que informações deveríamos ter antes de nos tornarmos politicamente ativos, ou o que precisamos saber para sermos políticos de sucesso, mas sim indagar o tipo de conhecimento que será inexoravelmente exigido de nós sempre que nos engajarmos em atividade política e a partir daí compreender a natureza da educação política.

Pode-se supor, portanto, que nossas reflexões sobre educação política nasçam de nossa compreensão da atividade política e do tipo de atividade envolvida nela. E poderia parecer que o que se quer a essa altura é uma definição da atividade política a partir da qual seria possível extrair certas conclusões. Acredito, no entanto, que essa seria uma abordagem equivocada. Mais do que de uma definição de política a partir da qual possamos deduzir o caráter da educação política, precisamos de uma compreensão da atividade política, o que inclui compreender o tipo de educação envolvido nela. Pois compreender uma atividade é conhecê-la como um todo concreto; é reconhecer que a atividade tem dentro de si a fonte de seu movimento. Uma compreensão que deixe a atividade em débito com algo externo a ela é, por essa razão, uma compreensão inadequada. E caso a atividade política seja impossível sem um certo tipo de conhecimento e um certo tipo de educação, então esse conhecimento e essa educação não serão meros apêndices da atividade, e sim parte da atividade em si, e devem ser incorporados à sua compreensão. Não devemos, portanto, buscar uma definição da política para deduzir a partir dela o caráter do conhecimento e da educação que ela envolve, mas em vez disso observar o tipo de conhecimento e de educação inerentes a qualquer compreensão da atividade política e usar essa observação como meio de aprimorar nossa compreensão da política.

Minha proposta, portanto, é que consideremos a adequação de duas compreensões atuais da política, junto com o tipo de conhecimento e o tipo de educação implicados nelas, e a partir de seu aprimoramento cheguemos àquela que talvez possa ser uma compreensão mais adequada tanto da atividade política em si quanto do conhecimento e da educação que pertencem a ela.

2

Na compreensão de algumas pessoas, a política é algo que pode ser chamado de atividade empírica. Lidar com os arranjos de uma sociedade é acordar toda manhã e pensar «O que eu gostaria de fazer?» ou «O que alguma outra pessoa (a quem eu desejo agradar) gostaria que fosse feito» e fazê-lo. Essa compreensão da atividade política pode ser chamada de política sem direção. Olhando de relance, pode ser um conceito difícil de fundamentar; e nem parece uma atividade possível. Mas talvez se possa detectar uma abordagem próxima a isso na política do proverbial déspota oriental, ou na política do pichador de muros e do angariador de votos. E pode-se supor que o resultado seja o caos modificado pelo grau de consistência que venha a fazer parte desse capricho. Essa é a política atribuída ao primeiro Lorde Liverpool, sobre quem Acton disse: «O segredo de sua política era não ter qualquer política», e sobre quem um francês disse que, caso ele estivesse presente à criação do mundo, teria dito: «*Mon Dieu, conservons le chaos*». Parece, portanto, que uma atividade concreta, que pode ser descrita como uma aproximação da política empírica, é possível. Porém, está claro que, embora um certo tipo de conhecimento pertença a esse estilo de política (conhecimento, como dizem os franceses, não de nós mesmos, mas de nossos apetites), o único tipo de educação apropriada a ele seria uma educação na loucura — aprender a ser governado unicamente por desejos passageiros. E isso revela o ponto importante: a saber, que entender a política como uma atividade puramente empírica significa não compreendê-la, porque o empirismo em si mesmo sequer é uma maneira concreta de atividade, e só pode se tornar associado a uma maneira concreta de atividade quando se une a algo mais — na ciência, por exemplo, quando se une a uma hipótese. O que é significativo nessa compreensão da política não é que se possa fazer algum tipo de abordagem desse tipo, mas sim que ela toma equivocadamente por uma maneira de atividade concreta e que se move por conta própria algo que jamais chega a ser mais do que um momento abstrato em qualquer modo de estar ativo. Claro, a política é a busca daquilo que se deseja e daquilo que é desejado no momento; mas, precisamente por ser isso, a política jamais pode ser a busca daquilo que parece recomendável a cada momento. A atividade de desejar não ocorre assim; o capricho jamais é absoluto. De um ponto de vista prático, portanto, podemos lamentar o *estilo* de política que se aproxima do puro empirismo porque podemos observar nele uma aproximação da loucura. Mas de um ponto de vista teórico, a política puramente empírica não é algo difícil de se atingir ou que se deva evitar, trata-se de algo meramente impossível; o resultado de um equívoco.

3

A compreensão da política como atividade empírica é, então, inadequada por não conseguir revelar uma maneira concreta de atividade. E essa compreensão tem o defeito incidental de aparentemente incentivar a busca impensada de um *estilo* de lidar com os arranjos de uma sociedade que provavelmente terá resultados desastrosos; tentar fazer algo inerentemente impossível é sempre uma empresa desvirtuadora. Devemos, se formos capazes, aprimorar essa abordagem. E podemos dar direção ao impulso de aprimoramento ao perguntarmos: «O que foi que essa compreensão da política deixou de observar?». O que foi (para dizer grosseiramente) que ela deixou de lado e que, caso acrescentemos, nos daria uma compreensão em que a política seja revelada como uma maneira de atividade que se mova por si (ou concreta)? A resposta para essa pergunta está, ou parece estar, disponível assim que a pergunta é formulada. Parece que o que falta a essa compreensão da política é algo que coloque o empirismo em movimento, algo que corresponda à hipótese específica na ciência, um fim a ser perseguido que não se restrinja a mero desejo instantâneo. E isso, deve-se observar, não se resume a uma boa companhia para o empirismo; trata-se de algo sem o qual o empirismo em ação é impossível. Exploremos essa sugestão, e, para fins de argumentação, darei a ela a forma de uma proposição: que a política surge como maneira de atividade que se move por si mesma quando o empirismo é precedido e guiado por uma atividade ideológica. Não me ocupo do chamado *estilo* ideológico da política como uma maneira desejável ou indesejável de lidar com os arranjos de uma sociedade; ocupo-me apenas em saber se quando ao ineluthe elemento do empirismo (fazer aquilo que se deseja) se acrescenta uma ideologia política, surge uma maneira de atividade que se move por si, e que consequentemente isso pode ser visto a princípio como uma compreensão adequada da atividade política.

Do modo como compreendo, uma ideologia política pretende ser um princípio abstrato ou um conjunto de princípios abstratos correlacionados, premeditado de maneira independente. Ela oferece de maneira prévia à atividade de lidar com os arranjos da sociedade um fim formulado a ser perseguido, e ao fazer isso oferece um meio de distinguir entre os desejos que devem ser incentivados e aqueles que devem ser suprimidos ou redirecionados.

O tipo mais simples de ideologia política é uma única ideia abstrata, como Liberdade, Igualdade, Máxima Produtividade, Pureza Racial ou Felicidade. E nesse caso a atividade política é compreendida como o projeto de levar os arranjos da sociedade a se conformar com a ideia abstrata escolhida, ou a refleti-la. É frequente, contudo, que se reconheça a necessidade de um esquema complexo de ideias correlacionadas, em vez de uma única ideia, e os exemplos listados serão sistemas de ideias como: «os princípios de 1789», «Liberalismo», «Democracia», «Marxismo», ou a Carta do Atlântico. Esses princípios não precisam ser vistos como absolutos ou imunes à mudança (embora frequentemente sejam considerados assim), mas seu valor está no fato de terem sido premeditados. Eles dão uma ideia do *que* deve ser perseguido independente de *como* deve ser perseguido. Uma ideologia política pretende oferecer antecipadamente conhecimento sobre o que são «Liberdade», «Democracia» ou «Justiça», e assim colocar o empirismo em ação. Tal conjunto de princípios, evidentemente, pode ser objeto de discussão e reflexão; é algo que os homens estabelecem para si mesmos, e que podem mais tarde se lembrar ou colocar por escrito. Porém, a condição para que a ideologia desempenhe a tarefa que lhe foi designada é não dever nada à atividade que ela controla. «A ciência de legislar consiste em saber o verdadeiro bem da comunidade», disse Bentham; «a arte consiste em encontrar os meios para executar esse bem». A afirmação que temos diante de nós, portanto, é que o empirismo pode ser posto em ação (e que há o surgimento de uma maneira de atividade concreta, que se move por si mesma) quando se acrescenta a ele um guia desse tipo: o desejo e algo que não é gerado pelo desejo.

Não restam dúvidas quanto ao tipo de conhecimento exigido pela atividade política, caso ela seja compreendida desse modo. O que se exige, em primeiro lugar, é o conhecimento da ideologia política escolhida — um conhecimento dos fins a serem perseguidos, um conhecimento do que desejamos fazer. Claro, para sermos bem-sucedidos na perseguição desses fins também precisaremos de conhecimento de outro tipo — um conhecimento, digamos, da economia e da psicologia. Mas a característica comum entre todos os tipos de conhecimento exigidos é que eles podem e devem ser obtidos de antemão, antes de lidar com os arranjos de uma sociedade. Além disso, o tipo de educação adequado será tal que a ideologia política escolhida seja ensinada, as técnicas necessárias para o êxito serão adquiridas, e (caso tenhamos a infelicidade de não contarmos com uma ideologia) será uma educação para que sejamos capazes de pensar abstratamente e premeditar, ambos fatores necessários para que nós desenvolvamos uma ideologia por conta própria. A educação de que vamos precisar é de um tipo que nos capacite a expor, defender, implementar e possivelmente inventar uma ideologia política.

Ao buscar alguma demonstração convincente de que essa compreensão de política revela uma maneira de atividade que se move por conta própria, devemos sem dúvida nos considerar gratificados caso possamos encontrar um exemplo de política que esteja sendo conduzida exatamente desse modo. Isso no mínimo seria um sinal de que estamos na pista certa. Lembremos, o defeito da compreensão da política como uma atividade puramente empírica era o fato de que ela revelava não uma maneira de atividade política, mas sim abstração; e esse defeito se tornou manifesto pela nossa incapacidade de encontrar um *estilo* de política que fosse mais do que uma aproximação disso. Como se sai nesse sentido a compreensão da política como empirismo somada a uma ideologia? E, sem sermos exageradamente confiantes, podemos talvez pensar que esse é nosso triunfo. Pois pareceria que não teríamos dificuldade em achar um exemplo de atividade política que corresponda a essa compreensão: metade do mundo, em uma estimativa conservadora, parece conduzir seus negócios precisamente desse modo. E além disso, não seria esse tão manifestamente um estilo possível de política, ainda que discordemos de uma ideologia em particular, a ponto de não encontrarmos nada de tecnicamente absurdo nos escritos daqueles que nos dizem que esse é um estilo admirável de política? No mínimo seus partidários parecem saber do que estão falando: eles compreendem não apenas a maneira de atividade como também o tipo de conhecimento e o tipo de educação envolvidos: «Todo estudante na Rússia», escreveu sir Norman Angel, «está familiarizado com a doutrina de Marx e é capaz de escrever seu catecismo. Quantos estudantes britânicos têm qualquer conhecimento correspondente dos princípios enunciados por Mill em seu incomparável ensaio sobre a Liberdade?». «Poucas pessoas», diz o sr. E.H. Carr, «ainda contestam que as crianças devam ser educadas *na* ideologia oficial de seu país.» Em resumo, caso estejamos em busca de um sinal que indique que a compreensão da política como atividade empírica precedida por atividade ideológica seja uma compreensão adequada, dificilmente podemos errar ao supor que já encontramos.

E no entanto talvez haja motivos para dúvida: dúvida antes de mais nada, se em princípio essa compreensão da política revela uma maneira de atividade que se move por conta própria; e, consequentemente, dúvida se aquilo que identificamos como exemplos de um *estilo* de política correspondendo exatamente a essa compreensão foi corretamente identificado.

O que estamos investigando é se lidar com os arranjos de uma sociedade pode começar com uma ideologia premeditada, pode começar com conhecimentos adquiridos anteriormente aos fins a serem perseguidos.[2] Supõe-se que uma ideologia política seja o produto de uma premeditação intelectual e que, por se tratar de um conjunto de princípios que não se encontra em dívida com a atividade de lidar com os arranjos da sociedade, é capaz de determinar e guiar a direção daquela atividade. Se, no entanto, considerarmos mais atentamente o caráter de uma ideologia política, descobrimos imediatamente que essa suposição é falsa. Longe de ser o progenitor semidivino da atividade política, a ideologia política é sua filha postiça e mundana. Em vez de ser um esquema premeditado de maneira independente de fins a serem perseguidos, trata-se de um sistema de ideias abstraído a partir do modo como as pessoas se acostumaram a lidar com os arranjos de suas sociedades. O pedigree de cada ideologia mostra que ela é a criatura, não da premeditação anterior à atividade política, mas de uma meditação feita a partir de um modo de política. Em resumo, a atividade política vem antes e a ideologia política vem na sequência; e a compreensão da política que estamos investigando tem a desvantagem de ser, no sentido estrito, absurda.

---

2   Este é o caso, por exemplo, da Lei Natural; se ela deve ser considerada uma explicação da atividade política ou, de maneira inadequada, como um guia para a conduta política.

Consideremos o assunto primeiro em relação com a hipótese científica que eu disse ter um papel a desempenhar na atividade científica em certo sentido semelhante ao da ideologia na política. Caso a hipótese científica fosse uma ideia brilhante gerada por si mesma que nada devesse à atividade científica, então o empirismo governado pela hipótese poderia ser visto como uma maneira de atividade autônoma; porém certamente não é essa a sua natureza. A verdade é que apenas um homem que já seja cientista é capaz de formular uma hipótese científica; ou seja, uma hipótese não é uma invenção independente capaz de guiar a investigação científica, mas sim uma suposição dependente que surge como abstração a partir de uma atividade científica já existente. Além disso, mesmo quando a hipótese científica tiver sido formulada desse modo, ela não é funcional como guia para a pesquisa sem que haja constante referência às tradições da investigação científica a partir da qual ela foi abstraída. A situação concreta só surge quando a hipótese científica, que é a ocasião em que o empirismo é posto em movimento, é reconhecida como sendo a criatura do conhecimento sobre como conduzir uma investigação científica.

Pense no exemplo da culinária. Pode-se supor que um homem ignorante, alguns materiais comestíveis e um livro de receitas juntos componham as necessidades de uma atividade autônoma (ou concreta) chamada *culinária*. Mas nada está mais distante da verdade. O livro de culinária não é um início gerado de forma independente a partir do qual a culinária pode brotar; ele não é nada além de uma abstração do conhecimento que alguém tem sobre como cozinhar: trata-se do filho postiço, não do pai da atividade. O livro, por sua vez, pode ajudar a preparar um jantar, mas caso fosse aquele seu único guia, na verdade, ele jamais conseguiria começar: o livro só fala àqueles que já sabem que tipo de coisa esperar dele e, consequentemente, como interpretá-lo.

Assim como um livro de culinária pressupõe alguém que saiba cozinhar, e seu uso pressupõe alguém que já saiba como usá-lo, e assim como uma hipótese científica surge de um conhecimento sobre como conduzir uma investigação científica, e separada daquele conhecimento é incapaz de fazer com que o empirismo se ponha em movimento de maneira proveitosa, assim também uma ideologia política deve ser compreendida não como um princípio premeditado de maneira independente para a atividade política, mas sim como um conhecimento (abstrato e generalizado) de uma maneira concreta de lidar com os arranjos de uma sociedade. O catecismo que estabelece os objetivos a serem perseguidos apenas resume uma maneira concreta de comportamento em que esses objetivos já estão ocultos. Ele não existe anteriormente à atividade política, e em si mesmo é sempre um guia insuficiente. Projetos políticos, os fins a serem perseguidos, os arranjos a serem estabelecidos (todos os ingredientes normais de uma ideologia política) não podem ser premeditados anteriormente a um modo de lidar com os arranjos de uma sociedade; *o que* fazemos, e além disso o que queremos fazer, é resultado de *como* estamos acostumados a conduzir nossos negócios. Na verdade, muitas vezes isso é apenas reflexo da capacidade que descobrimos ter de fazer algo e que então se traduz na autoridade para fazê-lo.

Em 4 de agosto de 1789, o complexo e falido sistema social e político da França foi substituído pelos Direitos do Homem. Lendo esse documento chegamos à conclusão de que alguém andou pensando. Ali, em poucas sentenças, há uma ideologia política: um sistema de direitos e deveres, um esquema de fins — justiça, liberdade, igualdade, segurança, propriedade e o resto — pronto e esperando para ser colocado em prática pela primeira vez. «Pela primeira vez?» Nem de longe. Essa ideologia não existia antes da prática política do mesmo modo como um livro de culinária não existe antes que se saiba como cozinhar. Certamente ela foi o produto das reflexões de alguém, mas não o produto de reflexões ocorridas antes da atividade política. Pois temos aqui, na verdade, exposto, abstraído e resumido, os direitos da *common law* dos ingleses, resultado não da premeditação independente ou da generosidade divina, mas de séculos lidando no dia a dia com os arranjos de uma sociedade histórica. Ou pense no *Segundo Tratado do Governo Civil* de Locke, lido nos Estados Unidos e na França do século XVIII como uma afirmação de princípios abstratos a serem colocados em prática, tidos como um prefácio à atividade política. Mas longe de ser o prefácio, o livro tem todas as marcas de um pós-escrito, e seu poder de guia é derivado de suas raízes na experiência política verdadeira. Aqui, em termos abstratos, está uma breve sinopse da maneira como os ingleses estavam acostumados a lidar com seus arranjos — um brilhante resumo dos hábitos políticos dos ingleses. Ou pense nessa passagem de um autor continental contemporâneo: «A liberdade mantém os europeus agitados e em movimento. Eles desejam ter liberdade, e ao mesmo tempo sabem que não a têm». E depois de ter estabelecido o fim a ser buscado, a atividade política é representada como sendo a realização desse fim. Porém a «liberdade» que pode ser perseguida não é um «ideal» premeditado de maneira independente ou um sonho, assim como a hipótese científica; e sim algo que está insinuado em uma maneira concreta de comportamento. A liberdade, como uma receita de torta, não é uma ideia brilhante; não é um «direito humano» a ser deduzido a partir de algum conceito especulativo da natureza humana. A liberdade de que desfrutamos não é nada mais do que arranjos, procedimentos de um certo tipo: a liberdade de um inglês não é algo que esteja exemplificado no procedimento do *habeas corpus*, ela é, naquele momento, a disponibilidade de tal procedimento. E a liberdade que desejamos ter não é um «ideal» que premeditamos, independente de nossa experiência política; ela é aquilo que já está insinuado nessa experiência.[3]

---

3 Cf: «A lei substantiva à primeira vista parece ser gradualmente secretada nos interstícios do procedimento». sir Henry Maine, *Dissertations on Early Law and Custom*. Londres: John Murray, 1883.

Seguindo essa leitura, portanto, os sistemas abstratos de ideias a que denominamos «ideologias» são abstrações de algum tipo de atividade concreta. A maior parte das ideologias políticas, e certamente as mais úteis dentre elas (porque inquestionavelmente elas têm seu uso), são abstrações das tradições políticas de alguma sociedade. Mas por vezes acontece que uma ideologia seja oferecida como guia sendo uma abstração não de uma experiência política, mas de alguma outra maneira de atividade — guerra, religião ou a conduta da indústria, por exemplo. E aqui o modelo que nos mostram não apenas é abstrato, como também é inadequado em função da irrelevância da atividade a partir da qual foi abstraído. Esse, creio, é um dos defeitos do modelo oferecido pela ideologia marxista. Mas o ponto importante é que, no máximo, uma ideologia é uma abreviação de alguma maneira concreta de atividade.

Estamos talvez agora em condições de perceber com maior precisão o caráter daquilo que podemos chamar de *estilo* ideológico de política, e de observar que sua existência não oferece base para supor que a compreensão da atividade política como um empirismo guiado unicamente por uma ideologia seja uma compreensão adequada. O estilo ideológico da política é um estilo confuso. Falando estritamente, é uma maneira tradicional de lidar com os arranjos de uma sociedade que foi resumida em uma doutrina de fins a serem perseguidos, sendo que o resumo (somado ao necessário conhecimento técnico) é visto equivocadamente como o único guia em que se pode confiar. Em certas circunstâncias um resumo desse tipo pode ser valioso; ele desenha com nitidez os contornos e dá precisão a uma tradição política que a ocasião pode fazer parecer apropriada. Quando uma maneira de lidar com os arranjos é transplantada de uma sociedade em que se desenvolveu para outra (sempre um projeto questionável), a simplificação de uma ideologia pode parecer uma ferramenta útil. Caso, por exemplo, a maneira inglesa de fazer política seja transplantada para algum outro lugar do planeta, talvez seja apropriado antes resumi-la a algo chamado «democracia» antes de embrulhá-la e despachá-la para fora do país. Há, evidentemente, um método alternativo: o método pelo qual aquilo que é exportado é o detalhe e não o resumo da tradução, e no qual os operários viajam com as ferramentas — o método que construiu o Império Britânico. Mas esse é um método lento e custoso. E, particularmente no caso de homens apressados, *l'homme à programme* com seu resumo vence toda vez; seus slogans encantam, ao passo que o governante local é visto apenas como um sinal de servilismo. Mas independentemente da aparente adequação no momento do estilo ideológico da política, o defeito da explicação da atividade política associada a ela se torna aparente quando pensamos no tipo de conhecimento e no tipo de educação que ela nos incentiva a crer ser suficiente para compreender a atividade de lidar com os arranjos de uma sociedade. Pois ele sugere que um conhecimento da ideologia política escolhida pode tomar o lugar da compreensão de uma tradição de comportamento político. A varinha de condão e o livro passam a ser vistos como se eles próprios tivessem poder, e não como meros símbolos da potência. Os arranjos de uma sociedade são vistos não como modos de comportamento, mas como peças de um maquinário a ser transportado indiscriminadamente pelo mundo. As complexidades da tradição que foram extraídas no processo de resumo são vistas como desimportantes: imagina-se que «os direitos do homem» existem isolados de uma maneira de lidar com os arranjos. E como, na prática, o resumo sozinho jamais é um guia suficiente, somos incentivados a preenchê-lo não com nossa experiência política duvidosa, mas com a experiência de outras atividades (frequentemente irrelevantes) concretamente compreendidas como a guerra, a direção da indústria ou a negociação sindical.

4

A compreensão da política como a atividade que lida com os arranjos de uma sociedade sob a orientação de uma ideologia premeditada de maneira independente é, portanto, um equívoco, do mesmo modo como é um equívoco a compreensão dela como uma atividade puramente empírica. Seja lá onde a política pode começar, ela não pode começar na atividade ideológica. E em uma tentativa de aprimorar essa compreensão da política, já observamos em princípio aquilo que precisa ser reconhecido para que cheguemos a um conceito inteligível. Assim como a hipótese científica não tem como surgir, e fica impossibilitada de operar — exceto dentro de uma tradição já existente de investigação científica —, do mesmo modo um esquema de fins para a atividade política surge dentro de uma tradição já existente sobre como lidar com nossos arranjos, e só quando relacionada a ela pode ser avaliada. Na política, a única maneira concreta de atividade detectável é de um tipo em que o empirismo e os fins a serem perseguidos são reconhecidos como dependentes, tanto para existir quanto para operar, de uma maneira tradicional de comportamento.

A política é a atividade de lidar com os arranjos gerais de um grupo de pessoas que, no que diz respeito a seu reconhecimento comum de uma maneira de lidar com seus arranjos, formam uma única comunidade. Supor um grupo de pessoas sem tradições reconhecidas de comportamento, ou um grupo que desfrutou de arranjos que não insinuavam direções para mudança e que não exigiam atenção,[4] é supor um povo incapaz de política.

Essa atividade, portanto, não surge nem de desejos momentâneos, nem de princípios gerais, mas das próprias tradições de comportamento. E a forma que ela assume, porque não há outra que ela possa assumir, é o aperfeiçoamento de arranjos existentes, feito por meio da exploração e da busca por aquilo que se insinua neles. Os arranjos que compõem uma sociedade capaz de atividade política, sejam costumes ou instituições ou leis ou decisões diplomáticas, são ao mesmo tempo coerentes

---

4 Por exemplo, um povo em que a lei seja vista como algo ditado por Deus.

e incoerentes; eles formam um padrão e ao mesmo tempo insinuam uma simpatia por aquilo que não fica totalmente à mostra. A atividade política é a exploração dessa simpatia e, por consequência, o raciocínio político relevante será a exposição convincente de uma simpatia, que está presente porém ainda não foi seguida, e a demonstração convincente de que este é o momento adequado para reconhecê-la. Por exemplo, o status legal das mulheres em nossa sociedade esteve por um longo tempo (e talvez ainda esteja) em relativa confusão, porque os direitos e deveres que conformavam esse padrão insinuavam direitos e deveres que, no entanto, não eram reconhecidos. E, do modo como estou sugerindo que as coisas sejam vistas, o único motivo convincente a ser apresentado para a concessão do direito ao voto para as mulheres era o fato de que em todos ou na maior parte dos outros aspectos importantes elas já tinham direitos de cidadãs. Argumentos extraídos do direito natural abstrato, da «justiça», ou de algum conceito geral da personalidade feminina devem ser vistos ou como irrelevantes, ou como formas lamentavelmente disfarçadas do único argumento válido: a saber, que havia uma incoerência nos arranjos da sociedade que, de maneira convincente, pediam uma solução. Em política, portanto, toda iniciativa tem consequências, a busca, não de um sonho, não de um princípio geral, mas de uma sugestão.[5] Aquilo com que temos de lidar é algo menos grandioso do que implicações lógicas ou

....

5   Ver nota de fim, p. 288.

consequências necessárias; porém, se as sugestões de uma tradição de comportamento são menos majestosas ou mais fugidias do que essas outras possibilidades, nessa visão elas não são menos importantes. Evidentemente, não há um aparato à prova de erros por meio do qual possamos detectar a sugestão que mais valerá seguir; e não apenas cometemos erros grosseiros de julgamento quanto a isso, como o efeito total de um desejo satisfeito é tão difícil de prever que nossa atividade de aprimoramento muitas vezes nos leva a um lugar aonde não desejávamos ir. Além disso, a iniciativa como um todo é passível de ser pervertida a qualquer momento pela incursão de uma aproximação ao empirismo na busca pelo poder. Esses são traços que jamais podem ser eliminados; eles pertencem ao caráter de nossa atividade política. Mas pode-se acreditar que nossos erros de compreensão serão menos frequentes e menos desastrosos caso escapemos à ilusão de que a política em algum momento seja algo mais do que a busca de sugestões; uma conversa, não uma discussão.

Toda sociedade intelectualmente viva está suscetível a, de tempos em tempos, resumir sua tradição de comportamento em um esquema de ideias abstratas; e ocasionalmente a discussão política se ocupará não (como nos debates da *Ilíada*) de transações isoladas, nem (como nos discursos em Tucídides) da política e das tradições de atividade, e sim de princípios gerais. E não há mal nisso; pode ser inclusive que haja algum benefício. É possível que o espelho deformador de uma ideologia revele passagens ocultas importantes na tradição, assim como uma caricatura revela as personalidades de um rosto; e se for assim, a atividade intelectual de ver qual é a aparência de uma tradição quando reduzida a uma ideologia será uma parte útil da educação política. Mas fazer uso desse resumo como uma técnica para explorar as sugestões de uma tradição política, usá-lo, digo, do modo como um cientista usa uma hipótese, é uma coisa; outra coisa diferente — e inadequada — é compreender a atividade política em si como a atividade de modificar os arranjos de uma sociedade para fazer com que eles se adaptem aos termos de uma ideologia. Pois nesse caso estará se atribuindo a uma ideologia um caráter que ela é incapaz de sustentar, e poderemos nos ver, na prática, orientados por um guia falso e enganoso: falso, porque no resumo, ainda que tenha sido feito com habilidade, é possível que uma única sugestão tenha sido exagerada e proposta como algo a ser perseguido incondicionalmente, e o benefício que poderia haver em observar aquilo que a distorção revela se perde quando à própria distorção se dá o status de critério; enganoso, porque o resumo em si jamais, na verdade, oferece todo o conhecimento utilizado na atividade política.

Haverá quem, embora concordando em geral com essa compreensão da atividade política, venha a suspeitar que ela confunda aquilo que é, talvez, normal com o que é necessário, e que exceções importantes (de grande relevância contemporânea) se perderam em meio à névoa da generalização. Tudo bem, pode-se dizer, que se observe na política a atividade de explorar e perseguir as sugestões de uma tradição de comportamento, mas que luz isso joga em uma crise política como a Conquista Normanda da Inglaterra, ou o estabelecimento do regime soviético na Rússia? Seria tolice, é claro, negar a possibilidade de crises políticas sérias. Mas caso excluamos (como devemos) um verdadeiro cataclismo que temporariamente ponha fim à política ao obliterar totalmente uma tradição corrente de comportamento (e isso *não* é o que se deu na Inglaterra anglo-saxã ou na Rússia),[6] não há muita coisa que possa servir como indício de que mesmo a mais séria rebelião política nos leve para longe dessa compreensão da política. Uma tradição de comportamento não é uma maneira fixa e inflexível de fazer as coisas; ela é um fluxo de simpatia. Ela pode ser temporariamente perturbada pela incursão de uma influência estrangeira, pode ser desviada, restrita, ralentada ou se desidratar, e pode revelar uma incoerência tão profundamente arraigada que (mesmo sem auxílio externo) uma crise emerja. E caso, para fazer frente a essas crises, houvesse um guia estável, imutável e independente a que uma sociedade pudesse recorrer, seria sem dúvida de bom alvitre fazê-lo. Porém esse guia não existe; não contamos

---

6 A Revolução Russa (aquilo que realmente ocorreu na Rússia) não foi a implementação de um projeto abstrato criado por Lênin e outros homens na Suíça: foi uma modificação das circunstâncias *russas*. E a Revolução Francesa tinha ligação bem mais próxima com o *Ancién Regime* do que com Locke ou com os Estados Unidos.

com recursos alheios aos fragmentos, aos vestígios, às relíquias de nossa própria tradição de comportamento que a crise tenha deixado intocados. Pois mesmo a ajuda que possamos obter das tradições de outra sociedade (ou de uma tradição de um tipo mais vago que é compartilhado por várias sociedades) depende de nossa capacidade de assimilá-la a nossos próprios arranjos e à nossa própria maneira de lidar com nossos arranjos. Um homem faminto e desamparado está enganado caso suponha que vai superar a crise com um abridor de latas; o que o salva é o conhecimento de outra pessoa de como cozinhar, do qual ele pode se servir por não ser completamente ignorante. Em resumo, a crise política (mesmo quando parece ser imposta a uma sociedade por mudanças que estão fora de seu controle) sempre aparece *dentro* de uma tradição de atividade política; e a «salvação» vem dos recursos ilesos da própria tradição. As sociedades que mantêm, em circunstâncias em mutação, uma vívida noção de sua própria identidade e de continuidade (que não contêm aquele ódio às suas próprias experiências que as leva a desejar apagá-las) devem ser vistas como felizes, não por possuírem o que falta a outros, mas porque já terão mobilizado aquilo que não falta a ninguém e de que todos, na verdade, dependem.

Na atividade política, portanto, os homens navegam um mar infinito e infinitamente profundo; não há porto para abrigo nem fundo onde ancorar, não há ponto de partida nem um destino indicado. O que se pretende é navegar sem sobressaltos; o mar é a um só tempo amigo e inimigo; e a arte do bom marinheiro consiste em usar os recursos de uma maneira tradicional de comportamento para tornar amistosa toda ocasião hostil.[7]

Uma doutrina deprimente, dirão — e isso será dito até mesmo por aqueles que não cometem o erro de acrescentar um elemento de grosseiro determinismo para o qual, de fato, não há lugar. Uma tradição de comportamento não é uma trilha onde estamos destinados a labutar durante nossas vidas vulneráveis e insatisfatórias: *Spartam nactus es; hanc exorna*. Mas a principal origem da depressão é a exclusão das esperanças que eram falsas e a descoberta de que guias, vistos como tendo sabedoria e talento sobre-humanos são, na verdade, de natureza algo diferente. Se por um lado a doutrina nos

---

[7] Para aqueles que parecem imaginar ter uma visão clara de um destino imediato (ou seja, de uma condição da circunstância humana a ser atingida), e que estão confiantes de que essa é uma condição adequada para ser imposta a todos, essa parecerá uma compreensão indevidamente cética da atividade política; porém é possível perguntar a eles de onde isso veio, e se eles imaginam que a «atividade política» chegará a um fim caso se atinja essa condição. E caso eles concordem que um destino mais distante poderá se revelar, essa situação não implica uma compreensão da política como uma atividade de fim indeterminado como a que descrevi? Ou eles compreendem a política como os arranjos necessários que devem ser feitos para um grupo de náufragos que sempre tiveram uma ideia de que viriam a ser «resgatados»?

priva de um modelo construído nos céus de que devemos aproximar nosso comportamento, por outro ela pelo menos não nos conduz a um atoleiro onde toda escolha é igualmente boa ou igualmente deplorável. E se ela sugere que a política é *nur für die schwindelfreie*, isso deveria deprimir apenas aqueles que perderam a coragem.

5

O pecado do acadêmico é demorar demais para chegar ao ponto. Contudo, há alguma virtude nessa procrastinação; aquilo que ele tem para oferecer pode, no fim das contas, não ser grande coisa, mas pelo menos não será um fruto verde, e colhê-lo é algo que se faz em um instante. Começamos a pensar no tipo de conhecimento envolvido na atividade política e no tipo adequado de educação. E caso a compreensão da política que recomendei não seja um equívoco, há poucas dúvidas quanto ao tipo de educação que lhe pertence. É o conhecimento, tão profundo quanto possível, de nossa tradição de comportamento político. Outros conhecimentos, certamente, são desejáveis como acréscimos; porém, esse é o conhecimento sem o qual não podemos fazer uso de qualquer outra coisa que tivermos aprendido.

Uma tradição de comportamento não é algo fácil de se conhecer. Na verdade, ela pode parecer essencialmente ininteligível. Ela não é fixa nem está acabada; não tem um centro imutável em que nossa compreensão possa se ancorar; não há um propósito soberano a ser percebido ou direção invariável a ser detectada; não há modelo a ser copiado, ideia a ser percebida ou regra a ser seguida. Algumas partes podem mudar mais lentamente do que outras, mas nenhuma está imune à mudança. Tudo é temporário. Contudo, embora seja frágil e fugidia, uma tradição de comportamento tem identidade, e aquilo que a torna um objeto possível de conhecimento é o fato de que as suas partes não mudam todas ao mesmo tempo e de que as mudanças pelas quais ela passa já se encontram latentes dentro dela. Seu princípio é um princípio de *continuidade*: a autoridade se divide entre passado, presente e futuro; entre velho, novo e o que está por vir. Ela é estável porque, embora se mova, jamais está toda em movimento; e embora plácida, jamais está completamente imóvel.[8] Nada que em algum momento tenha pertencido a ela está totalmente perdido; estamos sempre recorrendo ao passado para fazer usos tópicos mesmo de seus momentos mais remotos; e nada permanece sem modificação por muito tempo. Tudo é temporário, mas nada é arbitrário. Tudo é analisado em comparação não com o que está a seu lado, mas com o todo. E como uma tradição de comportamento não está suscetível a distinções entre essência e acidente, o conhecimento dela é inevitavelmente

---

8 O crítico que encontrou «certas qualidades místicas» nessa passagem me deixa intrigado: a mim essa parece uma descrição excepcionalmente prosaica das características de qualquer tradição, a *Common Law* da Inglaterra, por exemplo, a chamada Constituição Britânica, a religião cristã, a física moderna, o jogo de críquete, a construção de navios.

o conhecimento de seus detalhes: conhecer somente seu ponto central equivale a não conhecer nada. O que precisa ser aprendido não é uma ideia abstrata ou um conjunto de truques, nem mesmo um ritual, mas uma maneira concreta e coerente de viver em toda a sua complexidade.

Está claro, portanto, que não devemos ter esperanças de obter essa difícil compreensão por meio de métodos fáceis. Embora o conhecimento que buscamos seja local, não universal, não há atalhos para chegar até ele. Além disso, a educação política não é apenas uma questão de vir a compreender uma tradição, é o aprendizado de como participar de uma conversa: é ao mesmo tempo uma iniciação em uma herança na qual temos interesse por toda a nossa vida, e a exploração de suas sugestões. Sempre haverá certo mistério sobre o modo como se aprende uma tradição de comportamento político, e talvez a única certeza é de que não há um momento em que se pode dizer corretamente que seu aprendizado se inicia. A política de uma comunidade não é menos individual (nem mais) do que seu idioma, e ambas as coisas são aprendidas e praticadas do mesmo modo. Não começamos a aprender nossa língua nativa aprendendo o alfabeto, ou aprendendo sua gramática; não começamos aprendendo palavras, mas as palavras em uso; não começamos (como começamos a ler) com aquilo que é fácil e passamos para o mais difícil; não começamos na escola, mas no berço; e aquilo que dizemos brota sempre de nossa maneira de falar. Isso também vale para nossa educação política: ela começa quando desfrutamos de uma tradição, na observação e na imitação dos mais velhos, e pouco ou nada há no mundo que surja diante de nós ao abrirmos nossos olhos e que não dê sua contribuição para isso. Estamos conscientes de um passado e de um futuro assim que tomamos consciência de um presente. Muito antes de termos idade para nos interessarmos por um livro sobre nossa política, estamos adquirindo esse conhecimento complexo e intrincado de nossa tradição política sem o qual não poderíamos dar sentido a um livro quando viermos a abri-lo. E os projetos que empreendemos são resultados de nossa tradição. A maior parte, portanto — a parte importante, talvez —, de nossa educação política nós adquirimos aleatoriamente ao desbravar nosso caminho pelo mundo natural-artificial em que nascemos, e não existe um outro modo de adquiri-la. Evidentemente, haverá mais a ser adquirido, e essa aquisição será mais fácil se tivermos a sorte de nascer em uma tradição política rica e viva e em meio àqueles que são bem educados politicamente; os contornos da atividade política se tornarão distintos mais cedo: mas mesmo a mais carente sociedade e os ambientes mais limitados têm alguma educação política a oferecer, e ficaremos com o que nos for possível obter.

Porém, se esse é o modo de começar, há categorias mais profundas a explorar. A política é um tema apropriado ao estudo acadêmico; há algo a se pensar sobre ela e é importante que pensemos sobre as coisas apropriadas. Aqui também, como em toda parte, o pensamento que deve nos guiar é o de que aquilo que estamos aprendendo a compreender é uma tradição política, uma maneira concreta de comportamento. E por essa razão é apropriado que, no nível acadêmico, o estudo da política deva ser um estudo histórico — não, em primeiro lugar, por ser adequado nos ocuparmos do passado, mas sim porque precisamos nos ocupar com os detalhes do concreto. É verdade que nada que aparece na superfície de uma tradição de atividade política deixa de ter suas raízes profundamente fixas no passado, e que deixar de observar seu surgimento é não ter acesso às pistas de seu significado; por essa razão o verdadeiro estudo histórico é parte indispensável de uma educação política. Porém, o que é igualmente importante não é aquilo que aconteceu, aqui ou ali, e sim o que as pessoas pensaram e disseram sobre o que aconteceu: a história não das ideias políticas, mas da maneira de nosso pensamento político. Toda sociedade, por meio dos trechos que sublinha no livro de sua história, constrói uma narrativa de seus próprios destinos que é mantida atualizada e na qual está oculto o modo como ela mesma compreende sua política; e a investigação histórica dessa narrativa — não a exposição de seus erros, mas a compreensão de seus preconceitos — deve ser parte destacada de uma educação política. É, pois, no estudo da genuína história, e dessa quase-história que revela em seus olhares para o passado as tendências que estão em progresso, que podemos ter esperanças de escapar de um dos mais insidiosos equívocos atuais sobre a atividade política — o equívoco segundo o qual as instituições e os procedimentos surgem como peças de maquinário projetadas para atingir um propósito estabelecido de antemão, em vez de serem descritas como maneiras de comportamento que perdem seu sentido quando separadas do contexto: o equívoco, por exemplo, pelo qual Mill se convenceu de que algo chamado «Governo Representativo» era uma «forma» de política que poderia ser vista como adequada a qualquer sociedade que tivesse atingido certo nível daquilo a que se denomina «civilização»; em resumo, o equívoco que nos leva a ver nossos arranjos e instituições como algo mais significativo do que as pegadas de pensadores e estadistas que sabiam para onde dirigir seus pés sem saber nada sobre um destino final.

No entanto, ocupar-se apenas com a própria tradição de atividade política não basta. Uma educação política digna do nome deve abranger, também, o conhecimento da política de outras sociedades contemporâneas. Deve fazer isso porque pelo menos parte de nossa atividade política está relacionada à de outros povos, e não saber como eles lidam com seus próprios arranjos é deixar de saber o caminho que buscarão trilhar e quais recursos serão necessários em nossa própria tradição; e porque conhecer apenas a própria tradição é não conhecer nem mesmo isso. As nossas relações com nossos vizinhos não começaram ontem; e não precisamos constantemente sair à caça fora da tradição de nossa política para encontrar alguma fórmula especial ou algum mero expediente *ad hoc* para orientar essas relações. É apenas quando deliberada ou negligentemente nos esquecemos dos recursos de compreensão e iniciativa que pertencem à nossa tradição que, como atores que esquecem seu papel, somos obrigados a improvisar. E em segundo lugar, o único conhecimento que vale a pena ter sobre a política de outra sociedade é o mesmo tipo de conhecimento que buscamos em nossa própria tradição. Aqui também, *la verité reste dans le nuances*; e um estudo comparado de instituições, por exemplo, que obscurecesse isso ofereceria apenas uma ideia ilusória de havermos compreendido algo que permanece segredo. O estudo da política de outros povos, assim como o estudo da nossa, deve ser um estudo ecológico de uma tradição de comportamento, não um estudo anatômico de equipamentos mecânicos ou a investigação de uma ideologia. E apenas quando nosso estudo é desse tipo nos veremos a caminho de sermos estimulados, mas não intoxicados, pelos modos de outros. Correr o mundo para escolher as «melhores» práticas e objetivos alheios (como se diz que teria feito o eclético Zêuxis ao tentar compor uma imagem mais bela do que a de Helena juntando traços notáveis por sua perfeição) é um projeto aviltante e um dos meios mais garantidos de se perder o equilíbrio político; porém, investigar a maneira concreta como outros povos tratam de seus assuntos para lidar com seus arranjos pode revelar passagens significantes de nossa tradição que, não fosse por isso, poderiam ficar ocultas.

Existe um terceiro departamento em que o estudo acadêmico da política deve ser considerado — aquilo a que, por falta de nome melhor, vou chamar de estudo filosófico. A reflexão sobre a atividade política pode ocorrer em vários níveis: podemos pensar quais recursos nossa tradição política oferece para lidar com certa situação ou podemos resumir nossa experiência política em uma doutrina, que possa ser usada, assim como um cientista utiliza uma hipótese, para explorar aquilo que ela sugere. Porém, além desses e de outros modos de pensamento político, há uma variedade de reflexões cujo objeto é considerar o lugar da própria atividade política no mapa de nossa experiência total. Reflexões desse tipo ocorreram em toda sociedade politicamente consciente e intelectualmente viva; e no que diz respeito às sociedades europeias a investigação revelou uma gama de problemas intelectuais que cada geração formulou a seu próprio modo e enfrentou com os recursos técnicos à sua disposição. E como a filosofia política não é aquilo que se pode chamar de ciência «progressiva», acumulando resultados sólidos e chegando a conclusões com base nas quais outras investigações possam se apoiar com confiança, sua história é especialmente importante: na verdade, em certo sentido, ela não contém nada além de uma história, que é uma história das incoerências detectadas pelos filósofos em modos comuns de pensamento e da maneira de solução que eles propuseram, mais do que uma história das doutrinas e sistemas. Pode-se supor que o estudo dessa história tenha um lugar considerável em uma educação política, e o projeto de compreender como a reflexão contemporânea transformou isso tem um lugar ainda mais considerável. Não se pode esperar que a filosofia política aumente nossa capacidade de sucesso na atividade política. Ela não nos ajudará a distinguir entre bons e maus projetos políticos; ela não tem o poder de nos guiar ou orientar na busca das sugestões de nossa tradição. Porém, a análise paciente das ideias gerais que vieram a se associar à atividade política — ideias como natureza, artifício, razão, vontade, lei, autoridade e obrigação —, desde que seja bem-sucedida na remoção de algumas das tortuosidades de nosso pensamento e nos leve a um uso mais econômico dos conceitos, é uma atividade que não pode ser nem superestimada, nem desprezada. Mas ela deve ser compreendida como uma atividade explanatória, não prática, e, caso a levemos adiante, devemos esperar apenas sermos menos enganados por afirmações ambíguas e por argumentos irrelevantes.

Abeunt studia in mores. Os frutos de uma educação política aparecerão no modo como pensamos e falamos sobre política e talvez na maneira como conduzimos nossa atividade política. Escolher itens dessa possível colheita sempre foi arriscado, e haverá opiniões diferentes sobre o que é mais importante. Mas, quanto a mim, eu esperaria duas coisas. Quanto mais profunda a nossa compreensão da atividade política, menos estaremos à mercê de uma analogia plausível, porém equivocada, menos seremos tentados por um modelo falso ou irrelevante. E quanto mais completamente compreendermos nossa própria tradição política, mais facilmente teremos à disposição todos os nossos recursos, menos provável será nossa adesão às ilusões que estão à espera do ignorante e do incauto; a ilusão de que na política podemos ir em frente sem uma tradição de comportamento, a ilusão de que o resumo de uma tradição em si mesmo é um guia suficiente, e a ilusão de que na política existe em algum lugar um porto seguro, um destino a ser atingido ou até mesmo um progresso detectável. «O mundo é o melhor de todos os mundos possíveis, e *tudo* nele é um mal necessário.»

A busca das sugestões

1. Essa expressão, como esperava ter deixado claro, pretendia ser uma descrição do que a atividade política realmente é nas circunstâncias indicadas, ou seja, nos «grupos cooperativos hereditários, muitos deles de linhagem ancestral, todos eles conscientes de um passado, um presente e um futuro a que denominamos «estados»». Os críticos que acreditam ser essa uma descrição tão especializada a ponto de fracassar completamente em dar conta de algumas das passagens mais significativas da história política moderna fazem, claro, um comentário relevante. Porém àqueles que creem ser essa uma expressão sem sentido no que diz respeito a toda situação chamada de «revolucionária» e a todo ensaio sobre a chamada política «idealista», podemos pedir que pensem novamente, lembrando que essa descrição não se pretende nem uma descrição dos motivos dos políticos, nem daquilo que eles imaginam estar fazendo, e sim do que efetivamente acabam fazendo. Associei a essa compreensão da atividade política duas outras proposições: primeiro, que caso isso seja verdade, deve-se supor que tenha algum peso sobre o modo como estudamos política, ou seja, sobre a educação política; em segundo lugar, que caso isso seja verdade, pode-se supor que tenha algum peso sobre o modo como nos conduzimos na atividade política — havendo, talvez, certa vantagem em pensar e falar e discutir de modo consoante com o que estamos de fato fazendo. Não creio que a segunda dessas proposições seja muito importante.

2. Houve quem concluísse que essa compreensão da atividade política a reduz a uma «ação baseada em palpites», a «seguir instruções» e que isso «desestimula todo tipo de discussão». Nada do que eu disse conduz a essa conclusão. A conclusão que eu mesmo extraí dessa conexão foi que, caso essa compreensão da atividade política seja verdadeira, certas formas de discussão (discussões com o objetivo de determinar a correspondência entre uma proposta política e a Lei Natural ou com a «justiça» em abstrato, por exemplo) deverão ser consideradas irrelevantes ou formulações desastradas de outras investigações relevantes, e devem ser compreendidas como tendo um valor meramente retórico ou de convencimento.

3. Houve quem sugerisse que essa compreensão da atividade política não oferece um padrão ou critério para distinção entre bons e maus projetos políticos ou para decidir fazer uma coisa em vez de outra. Isso, igualmente, é um equívoco infeliz sobre o que eu disse: «Tudo é analisado em comparação não com o que está a seu lado, mas com o todo». Àqueles que estão acostumados a julgar tudo em relação à «justiça» à «solidariedade», ao «bem-estar» ou a algum outro «princípio» abstrato, e não conhecem outro modo de pensar e falar, pode-se talvez pedir que considerem como, na verdade, um advogado na Corte de Apelação defende ter sido inadequada a indenização concedida a seu cliente. Será que ele diz «Isso é uma flagrante injustiça» e deixa por isso mesmo? Ou pode-se esperar que ele diga que a indenização concedida «não corresponde ao nível geral de indenizações que atualmente vêm sendo concedido em ações de calúnia»? Caso ele diga isso, ou algo do gênero, seria correto acusá-lo de não se engajar a nenhum gênero de discussão, ou de não ter padrões ou critérios, ou de meramente se referir «àquilo que foi feito da última vez»? (Cf. Aristóteles, *Analíticos Anteriores*, II 23). Mais uma vez, será que o sr. N.A. Swanson está confuso ao argumentar desse modo sobre a revolucionária proposta de que o *bowler* do jogo de críquete tenha permissão para «arremessar» a bola: «a atual jogada evoluiu como uma sequência, no início sendo a bola jogada com a mão baixa, depois na altura do ombro e, agora, na altura da cabeça, por meio de sucessivas legislações que trataram de ações heterodoxas. Ora, eu afirmo que não há lugar para o ‹arremesso› nessa sequência...»? Ou será que o sr. G.H. Fender estará discutindo sem padrões ou critérios, ou talvez esteja meramente expressando um «palpite» ao dizer que o «arremesso» *tem* lugar nessa sequência e deveria ser permitido? E será forçar demais descrever o que está acontecendo aqui e em outros lugares como uma «exploração das sugestões» da situação como um todo? E, independentemente do que gostemos de dizer para aumentar nossa autoestima, não é assim que as mudanças acontecem no modo como projetamos qualquer coisa: mobília, roupas, carros e sociedades capazes de atividade política? Será que tudo se torna muito mais inteligível caso excluamos as circunstâncias e façamos a tradução para o idioma dos «princípios», com o *bowler*, talvez, defendendo o seu «direito natural» ao arremesso? E, mesmo nesse caso, será que podemos excluir as circunstâncias: será que haveria um questionamento sobre o direito ao arremesso caso o direito de jogar a bola partindo da altura da cabeça já não tivesse sido concedido? Em todo caso, talvez eu possa reiterar meu ponto de vista de que «princípios» morais e políticos são resumos de maneiras tradicionais de comportamento, e associar condutas específicas a «princípios» não é o que parece (em outras palavras, associar a um critério que seja confiável por não ser suscetível a contingências, como o chamado «preço justo»).

4. Houve quem afirmasse que na política não há uma «situação total»: «por que deveríamos pressupor que, dentro do território a que chamamos Grã-Bretanha (...) exista apenas uma sociedade, com uma tradição? Por que não deveria haver duas sociedades (...) cada uma com seu próprio modo de vida?». Na compreensão de um crítico mais profundo isso poderia parecer uma questão filosófica que exigiria algo além de uma resposta breve. Mas nestas circunstâncias talvez baste dizer: primeiro, que a ausência de homogeneidade não necessariamente destrói a singularidade; segundo, que estamos considerando aqui uma sociedade legalmente organizada e o modo como sua estrutura legal (que apesar de suas incoerências não podemos supor que tenha concorrência) é reformada e modificada; e em terceiro lugar, afirmei (na página 272) qual a minha compreensão de uma «comunidade» única e quais meus motivos para fazer desse meu ponto de partida.

5. Por fim, houve quem dissesse que, por rejeitar «princípios gerais», não ofereço meios para detecção de incoerências e para que se determine qual deverá ser a agenda de reformas. «Como podemos descobrir o que uma sociedade [*sic*] sugere?» Mas a isso só posso responder: «Você quer ouvir que em política existe algo que certamente não existe em nenhum outro lugar, um modo à prova de erros de deliberar sobre o que deve ser feito?». Como um cientista, com a atual situação da física diante de si, decide qual será uma direção proveitosa para fazer avanços? Que considerações passaram pelas mentes dos construtores medievais ao detectar a inadequação de construir com pedras do mesmo modo que se estivessem construindo com madeira? Como um crítico chega ao juízo de que uma pintura é incoerente, de que o tratamento dado pelo artista a algumas passagens é incoerente com o tratamento dado a outras? Mill,[9] ao abandonar a referência ao princípio geral tanto como guia confiável na atividade política quanto como instrumento explanatório satisfatório, gerou uma «teoria do progresso humano» e aquilo a que ele deu o nome de uma «filosofia da história». O ponto de vista que expressei neste ensaio deve ser visto como representando uma etapa posterior nessa peregrinação intelectual, uma etapa a que chegamos quando nem o «princípio» (em função daquilo que ele de fato é: um mero índice de comportamentos concretos) nem qualquer teoria geral sobre o caráter e a direção da mudança social parece oferecer uma referência adequada para a explicação ou para a conduta prática.

---

9 J.S. Mill, *Autobiography*. Oxford: Oxford University Press, 1971, pp. 136-7, 144-5.

Agradecimentos

Um lugar de aprendizado foi apresentada pela primeira vez na Abbott Memorial Lecture em Ciências Sociais na Colorado College, em setembro de 1974. É reproduzida na *The Colorado College Studies* 12, Colorado Springs, 1975.

Aprendizado e ensino foi publicado pela primeira vez em *The Concept of Education*, editado por R. S. Peters (Londres: Routledge and Kegan Paul, 1967).

Educação: a atividade e sua frustração foi publicado pela primeira vez em *Education and the Development of Reason*, editado por R. F. Dearden, P. H. Hearst e R. S. Peters (Londres: Routledge and Kegan Paul, 1972).

A Ideia de uma Universidade foi publicado pela primeira vez em *The Listener*, XLIII, 1950.

As Universidades foi publicado pela primeira vez no *Cambridge Journal*, 11, 1948-9.

Educação política foi apresentada como aula inaugural na London School of Economics e foi publicada pela primeira vez em *Rationalism and Politics* (Londres: Methuen & Co Ltd, 1962).

Volumes publicados Biblioteca Âyiné

1 Por que o liberalismo fracassou? **Patrick J. Deneen**
2 Contra o ódio **Carolin Emcke**
3 Reflexões sobre as causas da liberdade e da opressão social **Simone Weil**
4 Onde foram parar os intelectuais? **Enzo Traverso**
5 A língua de Trump **Bérengère Viennot**
6 O liberalismo em retirada **Edward Luce**
7 A voz da educação liberal **Michael Oakeshott**